KLAUSUR-ABC

Immer Bestnoten!

Silvio Gerlach

6. Auflage

Studeo Verlag Berlin

Die Deutsche Bibliothek – CIP Einheitsaufnahme

Gerlach, Silvio:

Klausur-ABC - Immer Bestnoten! / von Silvio Gerlach. – 6 Aufl.

Berlin: Studeo® Verlag, 2017

ISBN 978-3-936875-86-7 Studeo® Verlag Berlin

ISBN 978-3-936875-86-7
© Studeo® Verlag Berlin 2017

INHALT

START

– Höre auf...

- alle möglichen Unterlagen zu horten,
- bis zur Klausur zu lernen,
- alle angegebenen Bücher zu besorgen und zu lesen,
- ein Skript zu schreiben,
- einfach nur Veranstaltungen zu besuchen und mitzuschreiben,
- erst kurz vor der Klausur zu fragen: Was kommt genau dran?

Fange an,

Dir eine Klausurstrategie zu überlegen und anzuwenden.

Folge dem KLAUSUR-ABC!

Und Du findest das Klausurglück, ganz bestimmt!

Keine Leichte Aufgabe Unter Solchen Umständen Reüssieren

An einem sonnigen Wintertag 1995 in Marburg traf ich ganz unerwartet Julia (Name geändert!), eine Kommilitonin. Ich dachte, sie wäre längst fertig und arbeitet schon. Sie sah verzweifelt aus und erzählte mir, dass sie die Klausur in Spezielle BWL verhauen hatte und in 3 Wochen noch mal schreiben muss. Schon seit Wochen versuchte sie, sich den Stoff aus drei großen Ordnern mit Hunderten Schaubildern reinzuziehen, hatte aber nicht mal die Hälfe gelernt. Sie hatte große Angst, das wieder nicht zu schaffen. Dann wäre ihr Studium für die Katz gewesen ...

Ich hörte ihr aufmerksam zu und fragte ein paar Sachen. Mir wurde klar, dass sie vollkommen falsch lernte und es so niemals schaffen würde, auch nicht im dritten, vierten oder fünften Anlauf. Ich riet ihr, völlig anders zu lernen und beschrieb ihr jeden Schritt. Sie ging diesen Weg. Denn nach 8 Wochen meldete sie sich überglücklich und hatte eine 2,0!!! Wow ...

Seitdem habe ich als Repetitor und Klausurcoach viele solcher Erlebnisse gehabt und viele solcher Rückmeldungen bekommen. Meine Coachees schafften scheinbar nicht zu schaffende Klausuren mit extremer Durchfallquote plötzlich wie von Zauberhand. Unnötig zu erwähnen, dass sie ab sofort nie mehr anders lernten als nach dem Klausur-ABC.

Das Klausur-ABC zeigt Schritt für Schritt, wie Du Deine Klausuren gezielt vorbereiten kannst. Mache es immer so und jede Klausur wird gut ...

Viel Klausurerfolg wünscht Dir

Silvio Gerlach

2 ▶ Klausurvorbereitung ist Management von Infos, Material, Zeit und Personal

Die wichtigste Info für Klausurerfolg ist die Antwort auf die Frage:

Was kommt dran?

Damit ist gemeint:

- Welches Fachwissen ist besonders relevant für die Klausur?
- Wie wird es in der Klausur abgefragt?
- Welche Aufgabentypen und Fragetypen kommen vor?
- Welche Aufgaben sind besonders schwer?

Die Antworten entscheiden über Vorgehen, Materialien und Schwerpunkte. Antworten liefern Kommilitonen, Facebook-Gruppen, Webseiten, Lehrstuhl (Sekretariat), Bibliotheken, Klausuren, Vorlesungen etc. Allerdings muss man sie suchen.

Klausurvorbereitung ist Materialmanagement

Ohne das richtige Material klappt das nicht. Beschaffe es oder erstelle es selbst und arbeite gezielt damit.

Klausurvorbereitung ist Zeitmanagement

Der Tag hat 24 Stunden und die Nacht ... Da aber meist mehr als eine Klausur wartet, hängt der Erfolg vom richtigen Umgang mit der Zeit ab.

Klausurvorbereitung ist Personalmanagement

Mit Dozenten, Kommilitonen, eventuell Dienstleistern sowie Freunden und Verwandten gut zusammenzuarbeiten spart Energie und Stress. Habe keine Scheu, was zu verlangen. Und sei bereit zu teilen, nämlich Infos und Unterlagen. Dann bekommst Du auch was zurück!

KLAUSUR – Die Formel

Eine Klausur ist ein Projekt, mit einem anspruchsvollen Ziel und viel zu wenig Zeit, Infos und guten Materialien. Ohne die richtige Vorgehensweise sind Stress und Scheitern ständige Begleiter. Der Weg ist im Wort Klausur selbst versteckt. Er funktioniert immer, wie ein Autopilot.

Klausuraufgaben beschaffen

Lösungen besorgen

Aufgabenmuster bestimmen

Unterlagen komplettieren

Studieren

Unermüdlich trainieren

Reüssieren (Erfolg haben)

Die folgenden Kapitel beschreiben das genaue Vorgehen in jeder Phase.

Klausuren
beschaffen

Was kommt dran in der Klausur?

1

Wenn Du wissen möchtest, was in der Klausur drankommt, musst Du die alten Klausuren genau unter die Lupe nehmen und auswerten. Klausuraufgaben sind sowohl einfache und komplexe Fragen als auch Rechenaufgaben und Multiple-Choice-Aufgaben. Folge diesen Fragen.

(siehe auch Tabellen 29, 31 und 32 im Anhang)

Fragen zur Analyse der alten Klausuren

- Wie genau decken sich die Oberthemen der Klausuraufgaben mit denen der Vorlesungsgliederung? Wo gibt es Unterschiede?
- Sind die Klausurkomplexe mit den Komplexen der Vorlesung identisch? Wie stark ist die Übereinstimmung?
- Wie tief im Inhaltsverzeichnis sind die Fragen angesiedelt?
- Wie umfangreich sind die Antworten?
- Wie viel Punkte gibt es für die einzelnen Aufgaben?
- Wie wiederholen sich die Komplexe oder Überschriften?
- Ist in der Wiederholung der Aufgaben eine Systematik erkennbar?
- Gibt es Grundaufgaben, die immer wieder so vorkommen? Welche?
- Gibt es offensichtliche Lieblingsaufgaben oder -komplexe des Professors? Fragen, mit denen er sich seit langem beschäftigt?
- Welche Aufgaben nimmt der Lektor dran, wenn die Klausur schwer werden soll?
- Wie sind die Klausuraufgaben aufgebaut?
- Bauen die Aufgaben aufeinander auf?
- Wie umfangreich sind die Antworten auf die kurzen Fragen?
- Kannst Du erkennen, woher die kurzen Fragen sind? Quelle angeben.
- Erkennst Du die Fragen bzw. Antworten aus dem Vorlesungsskript wieder?

Die Antworten führen Dich zu den relevanten Informationen, um die nächste Klausur optimal vorzubereiten.

2 ▶ Alte Klausuren finden und auswerten

Schon das Besorgen alter Klausuren ist schwierig, vor allem wenn der Lehrstuhl keine herausgibt. Vielleicht gibt es ja Probeklausuren. Vielleicht können Fachschaft oder ältere Semester helfen. Es gibt auch eine Sprechstunde. Warte nicht bis zum Semesterende. Das könnte ins Auge gehen. Du brauchst auch formale Informationen über die Klausuren. (siehe Tab 20, 21, 26 im Anhang)

Informationen über Klausurformalien

- In welchem Turnus wird die Klausur angeboten? Jedes Semester, ein-mal im Jahr?
- Zu welchen Terminen wird die Klausur jeweils ungefähr angeboten?
- Wie viele Aufgaben gibt es in der Klausur?
- Wie viele Punkte gibt es pro Aufgabe?
- Sind Aufgaben wählbar?
- Können bestimmte Aufgaben weggelassen werden?
- Wie viele Punkte braucht man zum Bestehen?
- An welchem Tag ist die Klausur?
- Um wieviel Uhr ist die Klausur?
- •Wie lange dauert die Klausur?
- Wo findet die Klausur statt?

Informationen über alte Klausuren

- Gibt der Lehrstuhl alte Klausuren heraus?
- Werden alte Klausuren zum Download auf der Webseite angeboten?
- Wie viele alte Klausuren sind verfügbar?
- Sind die alten Klausuren von dem Dozenten, der aktuell die Klausur stellt?
- Gibt es zu den Aufgaben auch Musterlösungen?
- Falls die alten Klausuren nicht zum Download angeboten werden, wo kann ich sie finden?

Es gibt keine alten Klausuren – Was tun?

3

Wenn es überhaupt keine alten Klausuren zu geben scheint, muss man nicht verzweifeln oder raten. Hier sind sieben Alternativen. Nutze diese.

Gedächtnisprotokolle aus vergangenen Semestern

Manche Kommilitonen sind so nett und schreiben aus dem Gedächtnis die eben geschriebene Klausur auf. Suche nach solchen Protokollen.

Ältere Semester fragen

Eine sehr gute Idee! Nimm Deine Übungsaufgaben und frage, welche davon so ähnlich wie die in der Klausur sind. Sei gründlich.

Probeklausuren

Eine Probeklausur hat vielleicht nur zwei Aufgaben, die so ähnlich wie die in der Klausur sind. Suche danach oder frage den Übungsleiter.

Übungsklausuren

Vielleicht gibt der Übungsleiter oder Tutor zwischendurch solche Aufgaben als Übungsklausur aus. Frage doch danach.

Übungsaufgaben

Die Klausuraufgaben folgen meist denen der Aufgabensammlung. Allerdings ist die Klausur oft viel, viel schwerer! Vorsicht!!! Frage vorher!

Aufgaben aus Büchern

Lehrbücher sind gute Quellen für Aufgaben, die ähnlich wie die Klausuraufgaben sind. Frage den Übungsleiter nach passenden Büchern.

Übungsleiter oder Professor fragen

Wenn nichts hilft, dann frage direkt den Dozenten, welche Arten von Aufgaben in der Klausur drankommen. Sonst stocherst Du im Nebel!

Extrem wichtig – die Aufgabensammlung

4

Nachdem Du alte Klausuren oder klausurähnliche Aufgaben beschafft und ausgewertet hast, legst Du eine Aufgabensammlung an. Das ist das wichtigste Hilfsmittel Deiner gesamten Vorbereitung, viel wichtiger als die Mitschriften, Zusammenfassungen und Bücher.

Je nach Klausur gibt es vier Varianten von Aufgabensammlungen:

1. Rechenaufgabensammlung
2. Multiple-Choice-Aufgabensammlung
3. Fragenkatalog
4. Aufsatzthemenkatalog

Wenn möglich, sollte die Sammlung digital sein. Falls nicht, dann eben auf Papier. Sortiere die Aufgaben nach den Kapitelüberschriften und ergänze die Sammlung immer und immer wieder, wenn Du passende Aufgaben oder Fragen findest.

Am Ende musst Du diese Aufgaben hoch und runter trainieren und in- und auswendig können, bis sie Dir aus den „Ohren rauskommen"...

Du wirst Dich sogar auf die Klausur freuen, denn dann kommen neue Aufgaben.

Ein großer Teil Deiner Arbeit in der Vorbereitung dient der Vervollständigung Deiner Aufgabensammlung. Fange so früh wie möglich damit an, spanne andere mit ein und hüte diese Sammlung! Sie ist auch ein wertvolles Tauschmittel. Sei gierig nach neuen Aufgaben!

Lösungen besorgen

1 ▶ Die Lösungssammlung – Dein allergrößter Schatz

Aus den Lösungen lernst Du, wie die Lösungen/Antworten in der Klausur auszusehen haben, damit Du alle Punkte bekommst. Klingt trivial, aber versuche doch mal, richtig gute ausführliche Lösungen zu bekommen.

Die Lösungen sind die Ergebnisse der Rechenaufgaben mit Lösungsweg, die Antworten auf die Fragen und Multiple-Choice-Fragen sowie die Gliederungen und Ausformulierungen für Aufsatzthemen.

Wonach Du suchen musst, sind also

* Musterlösungen für Rechenaufgaben,
* Musterantworten für Fragen,
* Musterantworten für MC-Fragen,
* Mustergliederungen für Aufsatzthemen.

Lege diese Lösungssammlung parallel zur Aufgabensammlung an. Du solltest danach einmal die Aufgaben ohne und einmal mit Lösungen haben. Die Lösungssammlung ist so wertvoll,

* weil Du damit lernst, die Aufgaben richtig zu lösen,
* weil Du damit viel Zeit sparst, indem Du das Relevante lernst,
* weil Du damit das wertvollste Tauschmittel im ganzen Studium hast. Damit bekommst Du von Kommilitonen garantiert jede Vorlesungsmitschrift, Zusammenfassung oder andere Art von Unterlagen.

Also, an die Arbeit. Lege die Lösungssammlung an, vervollständige diese, prüfe immer wieder, setze sie ein für Tausch und hüte die Sammlung wie einen Schatz.

Lösungen finden oder selbst lösen

2

Da sehr viele Studenten die Klausur schon geschrieben haben, kursieren auch viele Lösungen. Suche und finde solche Unterlagen. Frage ältere Semester. Du wirst aber stets Lücken finden und meistens bei den schwersten Aufgaben oder denen im letzten Kapitel der Vorlesung. Tja ... Du wirst selbst jede Aufgabe lösen müssen, damit Du in Bezug auf die Lösungsqualität sicher sein kannst.

Du brauchst neben der Aufgabensammlung unbedingt eine Sammlung von Lösungen für alle Aufgaben und Fragen, und zwar richtige Lösungen! Wenn Du extrem wenig Zeit hast, dann lasse alles andere sein und stecken Deine Zeit in die Aufgabensuche und dann in die Erstellung der Lösungen. Hast Du Aufgaben mit Lösungen und kannst Du die Aufgaben genauso lösen, kann Dir in der Klausur nichts passieren.

Das ist eigentlich vollkommen logisch und wird doch offensichtlich tausendfach falsch gemacht. Anders lässt sich nicht erklären, warum die allermeisten Klausuren nur wenige Einser und Zweier haben, aber dafür viele Dreier oder gar Vierer und Fünfer.

Kümmere Dich um die Lösungen und alles wird bestens!

Aufgabenmuster + Aufgabensammlung

Aufgabenmuster sind der Schlüssel

Bei Klausuren scheint es unendlich viele Aufgabenvarianten zu geben. Aber in Wirklichkeit gibt es insgesamt nur fünf verschiedene Grundmuster. Alle Klausuraufgaben lassen sich diesen Grundmustern zuordnen.

Aufgabenart	Erklärung
Frage/Sachfrage/ Minifrage	Hier wird nach einem eng begrenzten Sachverhalt gefragt. Informationen sind aufzuzählen.
Rechenaufgabe/ Textaufgabe	Hier wird ein Problem beschrieben, das mit formalen Methoden zu lösen ist.
Aufsatz	Hier wird ein komplexes Thema gestellt, das eine differenzierte Darstellung in Form einer Abhandlung verlangt.
Multiple Choice	Hier werden Behauptungen aufgelistet, die wahr oder falsch sind und als solche zu kennzeichnen sind.
Case (Study)	Hier wird ein praktisches Problem beschrieben, das mithilfe bestimmter Lösungsinstrumente wie Modellen oder Schemata zu lösen ist. Sehr selten!!!

Jedes Aufgabenmuster verlangt andere Unterlagen und Methoden des Lernens und Trainierens. Beschaffe Dir die entsprechenden Unterlagen und eigne Dir diese Methoden an. Dann hast Du den Schlüssel zum Klausurerfolg, egal in welchem Fach.

Bei Rechenaufgaben gibt es Beispielaufgaben, aus denen mehrere oder auch viele Varianten gebildet werden können, durch einfaches Ändern der Zahlen oder Vertauschen von gegeben und gesucht. Je nach Fach gibt es etwa ein oder zwei Dutzend solcher Aufgabenmuster.

Die Aufgabenmuster führen Dich direkt zu den relevanten Aufgabensammlungen. Das sind Rechenaufgabensammlung, Multiple-Choice-Sammlung, Fragekatalog, Aufsatzthemenkatalog und Fallstudiensammlung.

3 ▶ Aufgabenmuster in alten Klausuren finden

Um optimal zu trainieren, musst Du die Aufgabenmuster so genau wie möglich kennen. Das erfährst Du am sichersten aus alten Klausuren oder aus Probeklausuren. Erstelle eine Klausurmatrix nach diesem Muster.

Klausurmatrix (siehe Tab 27 im Anhang)

Typen sind: R-Rechenaufgaben, F-Sachfragen, MC-Multiple-Choice-Fragen, A-Aufsatz, C-Case Study. A leicht, B mittelschwer, C sehr schwer

Aufgabe + Sem.	Thema/		
SS 2009		R	10
1.	Haushalt, Nutzenfunktion	MC	15
2.	Arbeit und Freizeit	F	10
3.		A	30
WS 09/10			
1.			
2.			

Analysiere die alten Klausuren auf Regelmäßigkeiten und Du wirst erkennen:

- Klausur-Oberthemen wiederholen sich, Einzelfragen variieren mehr oder weniger.
- Es gibt Aufgabenvarianten innerhalb eines Stoffkomplexes.
- Es gibt schwerere und leichtere Formulierungen von Aufgabenmustern.
- Es gibt Aufgabenmuster, die fast immer drankommen.

Aufgabenmuster ohne alte Klausuren finden

4

Das ist natürlich schwerer, aber notwendig und machbar, nämlich mit Hilfe der Übungsaufgaben. Statt der Klausurmatrix erstelle eine Aufgabenmatrix der Übungsaufgaben. Du tust so als ob die Übungsaufgaben mögliche Klausuraufgaben sind und sortierst sie nach den Schwerpunkten des Faches, am besten gemäß der Vorlesungsgliederung. Das Ziel ist, die Muster in den Aufgaben zu finden.

Du solltest diese Matrix der Übungsaufgaben ergänzen mit Aufgaben aus eventuellen Probeklausuren, aus dem Lehrbuch oder Übungsbuch und vor allem durch Aufgaben aus möglicherweise doch auffindbaren Gedächtnisprotokollen von älteren Semestern.

5 ▶ Rechenaufgaben und Rechenaufgabensammlung

Eine Rechenaufgabe oder Textaufgabe ist die Abbildung eines Problems oder Sachverhalts mit einer oder mehreren Fragen. Die Informationen müssen gefiltert und die Aufgabenstellung formalisiert werden. Dann ist die Aufgabe mit den entsprechenden Formeln und Algorithmen zu lösen. Ohne deren Kenntnis gibt es keine Lösung und keine Punkte. Schwierigkeiten bereiten oft die Varianten. Allerdings gibt es meist Standardaufgabenstellungen bzw. Aufgabentypen. Um sie zu erkennen, muss man die Muster im Kopf haben und blitzschnell zuordnen können. Das geht nur mit Training.

Beispielaufgabe aus dem Klausurtrainer Investitionsrechnung

In 6 Jahren will sich mein Bruder Fritz eine kleine Eigentumswohnung kaufen. Zur Finanzierung gedenkt er, einen Bausparvertrag abzuschließen. Seine Beraterin hat ihm folgendes Angebot unterbreitet: 10-mal muss er jeweils zum Jahresanfang gleichbleibende Beträge einzahlen, die während der ersten 6 Jahre mit 4 % verzinst werden. Mit Ablauf des 6. Jahres erhält er 100.000 €. Die Differenz zu der bisher angesparten Summe (inklusive Zinsen) wird als Kredit gewährt. Dieser Kredit muss in den Folgejahren bei einer Verzinsung von 6 % mit den gleichbleibenden Einzahlungen getilgt werden.

Wie viel muss Fritz jährlich zahlen?

Was Du zum Lösen von Rechenaufgaben können musst

Du musst die Standardaufgabenstellung kennen und dazu abweichende Varianten, um neue Aufgaben einzuordnen, vergleichbar einem Schachspieler, der Hunderte Eröffnungen mit entsprechenden Gegenstrategien kennt.

Bei der Lösung von Rechenaufgaben solltest Du so vorgehen.
- Relevante Infos filtern, Wesentliches von Unwesentlichem trennen.
- Sachverhalt formalisieren, Aufgabe in Formelsprache übersetzen.
- Varianten der Fragestellung = Abweichungen von Standardaufgabenstellung erkennen.
- Passenden Algorithmus zur Lösung kennen.
- Algorithmus auf die konkrete Aufgabe anwenden.
- Aufgabe mit den möglichen Hilfsmitteln unter Zeitdruck lösen.

Fehlerquellen bei Rechenaufgaben

- Du kennst die Algorithmen nicht genügend.
- Du hasrt die Algorithmen nicht genügend anhand von Aufgaben trainiert.
- Du machst kleine Rechenfehler, besonders bei Termumformungen. Diese verursachen mitunter schwere Folgefehler. (siehe Rechentrainer.de für das Training solcher Aufgaben, danach rechnest Du doppelt so schnell!!!)
- Die Formeln sind Dir nicht klar.
- Du hast das Rechnen mit dem Taschenrechner zu wenig trainiert.
- Du brauchst zu viele Zeit, um komplexe Aufgaben zu lösen.
- Nicht alle Begriffe in der Aufgabenstellung sind Dir klar.

Vorteile von Rechenaufgaben

Rechenaufgaben sind meist relativ klar strukturiert. Die Varianten einer Standardaufgabenstellung sind vorhersehbar. Daher gibt es in Klausuren mit vielen schlechten Noten immer Leute mit guten oder sehr guten Noten. Die haben das Wesen der Aufgaben und die Varianten in der Klausur durchschaut.

Die Rechenaufgabensammlung

Die Rechenaufgabensammlung umfasst alle verfügbaren alten Klausuraufgaben und ähnliche Rechen- und Textaufgaben aus Aufgabensammlungen des Lehrstuhls, Übungsbüchern, Tutoriumsaufgaben, Probeklausuren und anderen Quellen. Die Aufgabensammlung ist Dein Hauptinstrument und ideal für die „letzten Tage und Stunden" vor der Klausur.

Wie erstellst Du Deine Aufgabensammlung?

Besorge Dir alle nur erreichbaren Quellen für Aufgaben.

- Erstelle Deine Aufgabensammlung so, dass Du pro Blatt nur eine Aufgabe hast (Aufgaben kopieren, Ausschneiden, jeweils auf ein Blatt kleben und erneut kopieren oder mit Adobe am Bildschirm ausschneiden und in Word.).
- Ordne Deine Aufgabensammlung nach der Vorlesungsgliederung.
- Suche im Lehr- und Übungsbuch nach ähnlich gelagerten Aufgabentypen. Orientiere Dich dabei am Inhaltsverzeichnis des Buches.
- Fotografiere die Aufgaben mit Lösungen aus dem Buch und wiederhole die Prozedur des Ausschneidens und Einfügen in eine Word-Datei.
- Wenn Du die Möglichkeit hast, scanne die Aufgabensammlung in der von Dir gewählten Reihenfolge ein und erstelle daraus ein Word-Dokument.
- Teile Dir diese größere Arbeit in Deiner Lerngruppe.

Erstelle eine Rechencheckliste

Systematisiere zuerst die Aufgabentypen nach dem Schema gegeben/gesucht. Dadurch siehst Du, welche Größe Du berechnen sollst und hast damit eine Rechencheckliste mit den wichtigsten Aufgabentypen. Siehe hier ein Beispiel aus dem Klausurtrainer Deskriptive Statistik:

Zu errech- nende Größe	Dein Sym- bol	Mus- ter- lös. Nr.	Rele- vant ja/ nein	Schwie- rig? ja/nein	Auf- gaben aus Übung/ Tutor?	Kann ich	Ü 1	Ü 2	Ü 3
Absolute Häufigkeit									
Arith- metischer Mittelwert									
Durch- schnittliche absolute Abweichung vom Median									
Durch- schnittliche absolute Abweichung von einem Wert									
Externe Varianz									

Aufgabensystematik

Die Aufgabensystematik ist eine Übersicht von Aufgabenvarianten für einen bestimmten Aufgabentyp. Das lässt sich anhand des Schemas: „gegeben und gesucht" gut nachvollziehen. Die Aufgabensystematik ist vor allem für formale Aufgabenstellungen mit Variablen wichtig. Kommen z. B. 5 Größen/Variable in einer Aufgabe vor, dann sind 3 gegeben und 2 zu berechnen. Es kann sein, dass die Größen ihre Plätze tauschen, also gegeben wird zu gesucht etc. Es können auch neue Variable hinzukommen. Meist soll man mit Hilfe von Formeln und Gleichungssystemen die gesuchten Größen errechnen.

Siehe hier eine Aufgabensystematik aus dem Klausurtrainer Induktive Statistik und Wahrscheinlichkeitsrechnung:

Mit Rechencheckliste, Aufgabensystematik und der Aufgabensammlung lassen sich die Überraschungen in der Klausur auf ein Minimum beschränken.

Aufgabensystematik eindimensionale Zufallsvariable

6 ▶ Fragen und Fragenkatalog

Der Fragenkatalog enthält alle Sachfragen der bisherigen Klausuren, kurze und lange. Er wird ergänzt mit Fragen aus der Übung und aus Übungsbüchern, die noch nicht in der Klausur dran waren. Der Fragenkatalog ist das Pendant zur Rechenaufgabensammlung.

Fragen sind meist kurz und beziehen sich auf ein konkretes Thema. Es kommt auf eine kurze, gehaltvolle Antwort an. Allerdings kann die Frage auch etwas weiter gefasst sein und ein Sachverhalt ist nicht nur zu beschreiben, sondern auch zu bewerten oder zu vergleichen.

Beispiele für Sachfragen aus dem Klausurtrainer Makroökonomie

1. Beschreibe, von welchen ökonomischen Variablen der Kassenhaltungskoeffizient abhängt.
2. Erläutere die Quantitätstheorie.
3. Beschreibe die Cambridge-Gleichung.
4. Beschreibe die Quantitätsgleichung nach Irving Fisher.
5. Erläutere, warum die Spekulationskasse negativ vom Marktzinssatz abhängt.
6. Wie wirkt sich ceteris paribus eine Erhöhung des Realeinkommens auf die Transaktionskasse der Wirtschaftssubjekte aus?
7. Leite die Gleichgewichtsbedingung des Geldmarktes mathematisch ab.
8. Definiere Grenznutzen!

Was häufig falsch gemacht wird

Da man die genaue Antwort nicht weiß, schreibt man irgendwas. Manchmal schreibt man viel mehr als nötig, weil man zu einer Frage viel weiß. Vielleicht will man so Defizite an anderer Stelle ausgleichen ... Im Normalfall kostet mehr Schreiben aber nur Zeit und bringt im wahrsten Sinne des Wortes keine Punkte.

Typologie von Klausurfragen und wie Du Dich darauf vorbereitest

Um diese Art von Aufgaben zu beherrschen, solltest Du Dich mit der folgenden Fragentypologie vertraut machen.

Tätigkeit	Was müssen Sie tun?
Definieren	Kennzeichnen Sie Inhalt, Umfang und wesentliche Merkmale eines Begriffs. Führen Sie den Begriff auf einen Oberbegriff zurück: zu definierender Begriff = Oberbegriff + Artenmerkmale oder kennzeichnende Unterschiede.
Nennen	Aufzählen von wesentlichen Merkmalen eines Sachverhaltes, von Begriffen, meist genügen Stichpunkte.
Skizzieren	Beschreiben Sie die wesentlichen Merkmale / Seiten eines Sachverhalts / Zusammenhangs kurz und bündig, verbal oder grafisch.
Beschreiben	Stellen Sie die charakteristischen Merkmale eines Objektes / Phänomens (Gegenstände, Modelle, Prozesse) heraus. Nur Verbal.
Darstellen	Beschreiben und veranschaulichen Sie die allgemeinen und besonderen Merkmale des Objektes / Phänomens. Verbal oder grafisch.
Erläutern Verdeutlichen Veranschaulichen	Machen Sie die allgemeinen Merkmale und Zusammenhänge eines Phänomens deutlich, indem Sie konkrete Beispiele anbringen.
Begründen	Decken Sie die Ursache-Wirkungsbeziehung auf. Führen Sie Tatsachen und Zusammenhänge an, die Annahmen oder Behauptungen über einen bestimmten Sachverhalt stützen. Nennen Sie die Ursachen dafür. Beweisen Sie die Behauptung
Erklären	Vom Beschreiben eines Sachverhaltes müssen Sie zum Wesen vordringen. Führen Sie Gründe und Ursachen für die Existenz eines Phänomens an.
Zeigen	Führen Sie logische Argumente an, die eine Behauptung stützen. Benutzen Sie Beispiele.
Beweisen	Zeigen Sie, dass eine Behauptung zutrifft, indem Sie von bestimmten Annahmen durch richtiges, logisches Schließen zu dieser Behauptung gelangen.
Werten Bewerten	Das Werten erfordert die Stellungnahme des Wertenden. Es müssen gesellschaftliche Normen im Vergleich zu persönlicher Meinung dargestellt werden. Ordnen Sie ein bestimmtes Phänomen anhand dieser Gesichtspunkte oder Kriterien ein. Entscheiden Sie, ob etwas in Bezug auf diese Kriterien positiv oder negativ ist, effektiv oder nicht effektiv ist. Arbeiten Sie Ihren eigenen Standpunkt heraus.
Beurteilen	Stellen Sie dar, wie ein bestimmtes Phänomen bezüglich eines bestimmten Kriteriums einzuordnen ist. Stellen Sie seine Wirkung dar.
Vergleichen	Arbeiten Sie anhand vordefinierter Kriterien Gemeinsamkeiten und Unterschiede heraus.

Tätigkeit	Welche Frage ist zu beantworten?	Was ist zu vermeiden?	Beispiele
Definieren	Was ist das?	Verwenden Sie nie den Begriff selbst. Lange Ausführungen.	Definieren Sie diesen Begriff.
Nennen	Was gehört dazu, zu diesem Konzept, zu diesem Sachverhalt?	Lange Erklärungen und Beschreibungen.	Nennen Sie die wesentlichen Ziele dieser Maßnahme.
Skizzieren	Wie sieht das im Allgemeinen aus? Wie läuft das allgemein ab?	Zu genau, zu detailliert, zu viel Text schreiben. Nicht klären ob grafisch oder verbal.	Skizzieren Sie die Inhalte dieser Maßnahme.
Beschreiben	Wie sieht das genau aus? Wie läuft das konkret ab?	Nur Stichpunkte oder Aufzählungen aneinander reihen.	Beschreiben Sie wichtige Konsequenzen dieser Maßnahme
Darstellen	Wie sieht der Sachverhalt, der Prozess im Einzelnen aus?	Nur wenige Stichworte, zu wenig konkrete Informationen.	Stellen Sie einen Teilaspekt der Maßnahme im Detail dar.
Erläutern, Verdeutlichen, Veranschaulichen	Wie kann man sich das beispielhaft vorstellen?	Nur Nennen.	Erläutern Sie die Ziele dieser Maßnahme.
Begründen	Warum ist das so und nicht anders? Welche Ursachen gibt es dafür? Warum?	Keine Gründe nennen. Alles andere machen, beschreiben, erläutern, etc.	Begründen Sie die ablehnende Haltung der Gruppe gegenüber dieser Maßnahme.
Erklären	Weshalb läuft dieser Prozess so ab und nicht anders?	Nur beschreiben, keine Ursachen nennen, keine Struktur in der Erklärung.	Erklären Sie, weshalb diese Maßnahme diese Konsequenzen hat.
Zeigen	Was unterstützt diese Behauptung?	Nicht logisch vorgehen, Ursache-Wirkungs-Beziehung außer acht lassen.	Zeigen Sie, dass diese Maßnahme diese Konsequenzen hat!
Beweisen	Ist das richtig? Wieso stimmt das?	Nur ein Beispiel nennen, das zutrifft. Konkret argumentieren.	Beweisen Sie, dass diese Maßnahme gegen die Interessen dieser Gruppe verstößt.
Werten Bewerten	Wie stehe ich dazu? Wie sollte man dazu stehen? Wie ist das unter diesen und jenen Aspekten zu sehen?	Kriterien der Bewertung nicht klar dargestellt, zu wenig Struktur.	Bewerten Sie die Angemessenheit dieser Maßnahme hinsichtlich der Zielerreichung und der Verträglichkeit mit den Interessen der Gruppe.
Beurteilen	Wie ist das einzuschätzen?	Zielbezug nicht im Auge behalten.	Beurteilen Sie die Wirksamkeit dieser Maßnahme hinsichtlich dieses Ziels.
Vergleichen	Worin bestehen die Gemeinsamkeiten und Unterschiede?	Über-Kreuz-Vergleichen. Keine logischen Kriterien. Sich verlieren in Beschreiben.	Vergleichen Sie diese Maßnahmen mit früheren Maßnahmen.

Nutzen des Fragenkatalogs

Der Fragenkatalog hilft bei der Vorbereitung auf Sachfragen in der Klausur. Er deckt möglichst alle Konzepte und Fragetypen der Klausur ab.

- Er beschreibt den Möglichkeitsbereich für Sachfragen in der Klausur.
- Gleichzeitig zeigt er den Lernstoff, der vor Dir liegt.

Hauptquelle sind die alten Klausuren. Aber auch Kontrollfragen aus Skript, Übung und sonstigen fachlichen Quellen sind Stoff für den Katalog.

Wichtige Regeln für die Beantwortung von Sachfragen in der Klausur

- Tue nur das, was verlangt wird: bei „Nennen Sie!", erläutere nicht!!! Wenn Du beschreiben sollst, reicht keine Aufzählung.
- Fasse Dich kurz und schreibe keine Romane.
- Komme auf den Punkt und schweife nicht ab.
- Schreibe Stichpunkte, wenn es möglich und erlaubt ist. Frage vorher, ob Stichpunkte für Aufzählungen erlaubt sind.
- Wenn Du gar nichts zu der Frage sagen kannst, gehe besser zur nächsten, als Zeit mit Grübeln zu vergeuden. Verliere keine Zeit.

Wie Du Dich auf Sachfragen vorbereiten kannst

- Strukturiere den Stoff so, dass man ihn abfragen kann.
- Arbeite mit Deinem Fragenkatalog und Deiner Checkliste.
- Lerne die einzelnen Inhalte.
- Schreib die Antworten immer wieder auf Papier.

Wie Du Deinen Fragenkatalog erstellen kannst

- Filtere alle Sachfragen aus der (Klausur-)Aufgabensammlung.
- Durchforste danach Deine Lehr- und Übungsbücher nach weiteren ähnlichen Fragen.
- Ordne Deinen Fragenkatalog nach der Vorlesungsgliederung.
- Prüfe anhand Deiner Checkliste, ob Du den Stoff abdeckst.
- Vergleiche Deine Fragen mit der Fragetypologie.

8 ▶ Multiple-Choice-Aufgaben und Sammlung

Du hast alle erreichbaren Klausuren früherer Semester. Diese musst Du sorgfältig analysieren. Gehe so vor: (siehe Tab 30 im Anhang)

Mache Dir eine Übersicht mit den Oberthemen der Blöcke. Beantworte dann die folgenden Fragen.

- Sind die Multiple-Choice-Aufgaben in Themenblöcke gegliedert?
- Welche Themen sind das?
- Gibt es Regelmäßigkeiten in den Themen?
- Inwieweit stimmen die Blöcke mit denen aus der Vorlesungsgliederung überein?

Deine Multiple-Choice-Sammlung enthält alle Multiple-Choice-Fragen der bisherigen Klausuren. Idealerweise kommen dazu eigens ausgearbeitete oder ansonsten verfügbare Multiple-Choice-Aufgaben aus anderen Quellen.

Beispiel für MC-Aufgaben aus dem Klausurtrainer Induktive Statistik

Nr.	Aussagen	Wahr/Falsch
A	beim x-ten Versuch „Erfolg" zu haben.	
B	bei n Versuchen x-mal „Erfolg" zu haben (mit Zurücklegen).	
C	innerhalb eines bestimmten Intervalls x-mal „Erfolg" zu haben.	
D	bei n Versuchen x-mal „Erfolg" zu haben (ohne Zurücklegen).	
E	eine Geometrie-Klausur zu bestehen.	

Aufgabe 140: Eine geometrische Verteilung liegt vor, wenn nach der Wahrscheinlichkeit gefragt ist, Multiple-Choice-Fragen sind Behauptungen, bei denen ein Satz wahr oder falsch ist. Es gibt grundsätzlich zwei Typen von Multiple Choice:

1. MC bei dem ein Satz als wahr oder falsch gekennzeichnet werden muss 2. Multiple Choice mit mehreren Unteraussagen, von denen jeweils eine oder mehrere Aussagen wahr oder falsch sein können. Es können aber auch alle wahr

Multiple-Choice-Typen

Typ	Beschreibung	Antworten Pflicht	Punktabzug	Lohnt sich raten?
Hart	Alle Fragen müssen beantwortet werden. Ist die Antwort falsch oder wird eine Frage nicht beantwortet, wird ein Punkt abgezogen.	ja	ja, wenn keine Antwort oder falsch	ja
Mittel	Nicht alle Fragen müssen beantwortet werden, aber wenn die falsche Antwort gegeben wird, werden Punkte abgezogen.	nein	ja, wenn falsch	nein
Weich	Nur die richtigen Antworten werden gewertet, die falschen werden nicht gewertet.	nein	keiner, nur richtige Ant-worten gewer-tet	ja

oder falsch sein. Die erste Variante sieht meist einfacher aus, die zweite Variante ist aber am Ende nur ein Unterfall der ersten Variante.

Wichtig sind auch die Regeln der Bewertung. Danach lassen sich die Typen hart, mittel und weich unterscheiden:

Die MC-Sammlung hilft bei der Vorbereitung auf MC-Aufgaben. Du musst alle möglichen Kapitel und Inhalte abdecken. Sie hilft auch als Kontrollinstrument beim Training der Inhalte.

Multiple-Choice-Aufgaben stammen aus der Übung und Übungsbüchern, aus alten Klausuren und Skripten. In der Regel sind die gefundenen Multiple-Choice-Aufgaben aber nicht ausreichend für die Klausurvorbereitung. Sie müssen ergänzt werden.

9 ▶ Aufsatz und Aufsatzthemenkatalog

Beim Aufsatz musst Du ein vorgegebenes Thema von allen Seiten betrachten und relevante Informationen und eigene Einschätzungen übersichtlich darstellen. Ohne tiefere Kenntnisse geht das nicht gut.

Aufsätze sind die schwierigsten Klausuraufgaben. Die Themen sind komplex und kaum vorhersehbar. Die Bearbeitungszeit ist schwer einzuteilen und die Lösung folgt keinem Standard.

Aufhänger für ein Thema können sein:

- ein Zitat,
- eine These,
- die Beschreibung eines Sachverhaltes und eine Frage dazu,
- eine recht weit formulierte Frage.

Beispiele für Aufsatzthemen

- Nutzen ausgewählter Maßnahmen zur Steigerung des Privatkonsums
- Beschreibe und erläutere die modelltheoretischen Grundlagen der Devisenbewirtschaftung und beurteile die Erfolgsaussichten dieses wirtschaftspolitischen Instruments unter den Bedingungen offener Volkswirtschaften
- Beurteile die Wirksamkeit sicherheitspolitischer Maßnahmen der Regierung des Staates XY hinsichtlich der Stabilität in der Region ABC
- Skizziere Grundzüge für ein Projekt zur Regenerierung eines Waldgebietes nach Sturmschäden. Isoliere und beurteile relevante Erfolgsfaktoren.

Um ein Aufsatzthema zu bearbeiten, musst Du folgende Voraussetzungen erfüllen und Techniken beherrschen:

- Wissen zum Thema parat haben,
- Strukturen und Zusammenhänge innerhalb des Stoffgebietes kennen,
- Gliedern können,
- Schreiben können,
- Sich auf Wesentliches konzentrieren können,
- Zeit im Blick haben und unter Druck arbeiten können.

Der Aufsatz ist ein besonders riskanter Aufgabentyp, weil man nur über ein Thema schreibt und damit praktisch alles auf eine Karte setzt. Geht die Argumentation in die falsche Richtung, stehen die Chancen schlecht.

Die wichtigsten Ursachen für schlechtes Abschneiden bei Aufsätzen sind:

- Fehlendes Wissen über den Themenbereich selbst,

- Unsaubere Gliederung,
- Falsche Schwerpunkte, falscher Ansatz, am Thema vorbei,
- Vom Hundertsten ins Tausendste kommen,
- Falsches Wiedergeben notwendiger Informationen und Argumente,
- Falsche Strategie bei der Vorbereitung.

Das Hauptproblem bei der Vorbereitung von Aufsätzen ist die Komplexität des Themenbereichs und damit die Vielzahl möglicher Fragestellungen. Das Thema der Klausur vorherzusehen, ist faktisch unmöglich. Daher sind Techniken zur Eingrenzung des Möglichkeitsbereichs notwendig. Ein wichtiges Mittel ist der Aufsatzthemenkatalog.

Der Aufsatzthemenkatalog enthält alle möglichen Varianten von Themenstellungen zu den Inhalten des Fachs. Seine Erstellung ist ein wichtiger Teil der Vorbereitung. Idealerweise gibt es vom Lehrstuhl Beispielthemen. Doch meist sind sie nicht ausreichend und nur auf wenige Abschnitte der Vorlesung bezogen. Sie decken den Möglichkeitsbereich nicht umfassend genug ab. Daher sind weitere Themen selbst zu formulieren, beim Lernen.

Unterlagen

Ohne Unterlagen wird das nichts

1

Die passenden Unterlagen sind die halbe Miete. Damit weißt Du, was drankommt, was Du lernst und besonders trainieren musst. Leider gibt es genau diese Unterlagen für Deine Klausur meist nicht. Du musst sie selbst zusammensuchen oder erstellen. Deine Unterlagen müssen

- von der Klausur her organisiert werden,
- den Möglichkeitsbereich für die Klausur möglichst gut abdecken,
- möglichst vollständig sein,
- weitestgehend fehlerfrei sein,
- genügend Aufgaben enthalten.

Nicht alle Unterlagen sind gleich wichtig. Behalte daher den Überblick in der Vielzahl von Unterlagen.

2 ▶ Relevante Unterlagen vom Lehrstuhl

Diese Unterlagen vom Lehrstuhl solltest Du beschaffen. Sie enthalten wichtige Infos für die Vorbereitung. (siehe Tab 3 und 17 im Anhang)

Typ von offiziellen Materialien	Erläuterung	Vorhanden
Gliederung	Übersicht der Inhalte der Vorlesung	
Reader/ Literaturverzeichnis	Übersicht der relevanten Bücher und Artikel	
Lehrbuch/Lehrbücher	Kapitel, die für die Vorlesung relevant sind.	
Offizielles Skript	Zusammenfassung der Inhalte der Veranstaltung, herausgegeben vom Lehrstuhl	
Folien/Handouts	Zusammenstellungen ausgewählter Inhalte einer bestimmten Vorlesung, meist Download	
Formelsammlung	Zusammenstellung relevanter Formeln für Rechenaufgaben	
Übungsaufgabensammlung	Zusammenstellung von Rechenaufgaben zur Vertiefung ausgewählter Inhalte der Vorlesung	
Alte Klausuren	Nur Klausuren des aktuellen Dozenten	
Probeklausuren	Übungsklausuren vor der richtigen Klausur, meist aus der Übung.	
Musterlösungen zu Aufgaben	Lösungen zu Übungsaufgaben, die vom Lehrstuhl herausgegeben werden	

Diese Quellen solltest Du anzapfen und zwar öfter:

- Offizielles Internetforum des Lehrstuhls
- Webseiten und Social Media Gruppen studentischer Organisationen
- Kommilitonen höherer Semester
- Private Webseiten von Studenten
- Bibliothek
- Fachschaft
- Büros studentischer Organisationen
- Foren im Internet

Die besten Lernmaterialien

3

Lernmaterialien enthalten die klausurrelevanten Fachinhalte in lernbarer Form, komprimierter als Bücher oder Vorlesung. Sie sind fachspezifisch, aber der Form nach sehr ähnlich. Folgende gibt es: (siehe Tab 3 und 18)

Lernmaterialien	Kurzbeschreibung	Vorh.
Checkliste und Glossar	Relevante Fachbegriffe mit kurzer Definition	
Mitschrift	Darstellung der Inhalte der Vorlesung	
Skript/Zusammen-fassung	Zusammenfassende Darstellung relevanter Fachinhalte aus Vorlesung und Literatur	
Karteikarten	Fachinhalte im Überblick (als Konzept)	
Mindmap	Grafische Übersicht von Zusammenhängen	
Fragekatalog	Zusammenstellung klausurtypischer Fragen	
Rechenaufgaben	Zusammenstellung formaler Aufgaben	
Multiple-Choice-Auf-gaben	Zusammenstellung alter und möglicher Multiple-Choice-Aufgaben	
Aufsatzthemenkat-alog	Zusammenstellung möglicher Aufsatzthe-men	
Formelsammlung	Zusammenstellung benutzter Formeln	
Rechen-Checkliste	Übersicht von Rechenaufgabentypen	
Algorithmensam-mlung	Zusammenstellung von Musterlösungen	
Reader	Übersicht relevanter Buchkapitel	

Das sind die leider nicht immer zuverlässigen Quellen:

- Kommilitonen höherer Semester
- Webseiten und Social Media Seiten studentischer Organisationen und von Studenten
- Fachbereichsbibliothek
- Fachschaft und Büros studentischer Organisationen
- Foren im Internet

Du musst jedoch noch selbst einige Lernunterlagen erstellen, um sicher zu gehen. Beschäftige Dich nicht zu lange mit der Erstellung der Unterlagen. Sonst fehlt Dir die Zeit zum Lernen und Trainieren.

4 ▶ Mitschrift und Skripte

Wenn Du Glück hast, hat die Fachschaft eine Mitschrift der Vorlesung des Dozenten aus dem letzten oder einem früheren Semester. (siehe Tab 33 im Anhang)

- Vergleiche die alte Gliederung mit der aktuellen.
- Finde die Unterschiede heraus.
- Überprüfe die Qualität der Mitschrift anhand Deiner eigenen ersten Vorlesungen.
- Entscheide, ob Du Dich auf diese Mitschrift verlassen kannst und daher Zeit sparen oder schon vorarbeiten kannst.

Das Skript ist eine Mischung aus Vorlesungsmitschrift, Literaturstudium und eigenem Strukturieren. Idealerweise enthält es den Stoff des Faches in leicht verständlicher, zusammengefasster Form. Doch gibt es auch viele schlechte Skripte. Denn die Autoren erstellen das Skript, während sie das Fach lernen. Also haben sie noch nicht den vollen Überblick. Sei deshalb vorsichtig und bewerte die Qualität des Skriptes nach dem gleichen Muster wie die Qualität der Vorlesungsmitschrift. Und vergleiche das Skript mit Deiner Mitschrift.

Checkliste und Glossar

Die Checkliste enthält die grundlegenden relevanten Begriffe des Faches für die Klausur. Sie sind wie ein Kompass durch das Fach und stammen aus der Vorlesungsgliederung und anderen Materialien des Lehrstuhls wie Skripte, Folien, Handouts, Übungsaufgaben, alte Klausuren etc. Auch die eigenen Mitschriften der Vorlesung sind eine wichtige Quelle.

So erstellst Du die Checkliste

Nimm die Gliederung Deiner Vorlesung, das Inhaltsverzeichnis Deines Skriptes, das Inhaltsverzeichnis und das Register des wichtigsten Lehrbuches sowie eine möglichst komplette Sammlung alter Klausuraufgaben.
- Unterstreiche alle wichtigen Substantive in den Unterlagen.
- Vergleiche die einzelnen Unterlagen hinsichtlich der Begriffe.
- Schreibe die wichtigsten heraus, am besten am Computer.
- Ordne die Begriffe kapitelweise, am besten nach der Vorlesungsgliederung.

Prüfe immer wieder Deine Checkliste, weil Du so am besten den Überblick behältst. Übe damit auch in der Lerngruppe. Gehe vor der Klausur alle Begriffe durch.

Das Glossar zur Definition der Begriffe

Ein Glossar ist ein kurzes Lexikon. Die wichtigsten Begriffe werden kurz und knapp definiert, sodass man sie sich merken kann. Begriffen haben heißt, etwas „in Begriffen ausdrücken" können. Suche die Definitionen für die wichtigsten Begriffe und lerne diese auswendig.

Hier ist ein Beispiel-Glossar aus dem Makroökonomie Klausurtrainer 1:

Begriff	Definition	Sym-bol?	Rele-vant	Kann ich	noch lernen
Geldillusion, Freiheit von	Veränderung aller nominalen Werte einer Wirtschaft ist ohne Aus-wirkungen auf die realen Entscheidungen.				
Geldmarkt	Makroökonomischer Markt, auf dem das Geldange-bot der Zentralbank und der Geschäftsbanken auf die Geldnachfrage der Wirtschaftssubjekte trifft.				
Geldnach-frage	Summe aus der Transak-tionskasse, der Speku-lationskasse sowie der Vorsichtskasse.				
Kassenhal-tungskoeffi-zient	Kehrwert der Einkommen-skreislaufgeschwindigkeit; Maßzahl, die die nominale Geldmenge in Relation setzt zum Nominalwert der durchgeführten Tran-saktionen in einer Volks-wirtschaft.				

Suche die Definitionen in den Mitschriften, im Lehrbuch, in Skripten sowie aus Glossaren in Büchern, Lexika u. ä. Prüfe, regelmäßig, ob Du die Definitionen draufhast, am besten schriftlich.

So arbeitest Du effektiv mit Checkliste und Glossar

- Nachdem Du bestimmte Abschnitte behandelt und gelernt hast, schreibe die Definitionen für alle behandelten Begriffe auf. So wird aus der Checkliste ein Glossar.
- Überprüfe Deine Definition anhand Deiner Unterlagen.
- Gehe kapitelweise vor.
- Hake die Begriffe mit Bleistift ab, die Du beherrschst. Wenn Du konsequent arbeitest, ist nach überschaubarer Zeit vieles abgehakt. Falls nicht, ist das ein klares Zeichen dafür, dass Du von Deinem Ziel noch weit entfernt bist.

Die Zusammenfassung

6

Die Zusammenfassung ist eine Sammlung aller klausurrelevanten Inhalte. Sie wird auch als Skript bezeichnet. Häufig kann man Zusammenfassungen kaufen, downloaden oder tauschen.

Die Zusammenfassung besteht aus den relevanten Konzepten (Wissenseinheiten) des Faches. Alle wichtigen Aufzählungen, Herleitungen, Theorien, Definitionen, Erklärungen, Darstellungen, Grafiken, Formeln, Skizzen, Schaubilder etc. sind übersichtlich dargestellt. Das ist mühsam, aber beugt Überraschungen in der Klausur vor. Im Idealfall deckt die Zusammenfassung den Möglichkeitsbereich der Klausuraufgaben vollständig ab.

Nutze für die Zusammenfassung Karteikarten.

Die Zusammenfassung hat folgende Vorteile:
- Du ordnest und strukturierst den Stoff.
- Du wiederholst den Stoff.
- Du hast alles Relevante beisammen.
- Du brauchst nur noch wenige Unterlagen für die heiße Lernphase.

Nutze für die Zusammenfassung Deine eigene Vorlesungsmitschrift, Deine Übungsmitschrift, das Skript von der Fachschaft, die Klausurlösungen und andere verfügbare Unterlagen.

Hüte Deine Zusammenfassung! Am besten mache eine Foto-Kopie. Zusammenafassungen eignen sich auch als Tauschmittel für andere Unterlagen.

7 ▶ Die Formelsammlung

Für Rechenaufgaben brauchst Du eine Formelsammlung. Die Klausurtrainer von Studeo für formale Fächer enthalten solche, Beispiel Mikroökonomie:

Bezeichnung	Formel	Nr.	Rel	Deine Schreibweise
Inverse Nachfragefunktion	$p=f(x)$			
Normale Nachfragefunktion	$x=f(p)$			
Lagrange-Gleichung	$L-w_1q_1+w_2q_2-\lambda[f(q_1*q_2)-x_1]$			

Die Formelsammlung beschleunigt das Rechnen.

Für formale Fächer wie Mathematik, Statistik, VWL, Kostenrechnung etc. sollten Du eine Symbolliste machen. Filtere die Variablen aus den Aufgaben und der Formelsammlung. Beispiel Mikroökonomie Klausurtrainer 1:

Studeo®-Version	Varianten	Bedeutung	Dimension (Maßstab)
AP	x/q, DE	Durchschnittsproduktivität = Durchschnittsertrag	kg, ℓ, Stück...
$q1/q2$		Faktorintensität	ohne

So erstellst Du Deine Formelsammlung?

- Nimm eine gute Mitschrift Deiner Vorlesung und noch besser der Übung, das Skript, das Lehrbuch, Übungsbuch sowie die Sammlung alter Klausuraufgaben, wenn möglich mit Lösungen.
- Durchforsche diese Unterlagen nach Formeln und markiere diese farbig.
- Schreibe die Formeln heraus. Du kannst das auch mit dem Formeleditor auf Deinem Computer machen. Aber Papier ist schneller. Foto und fertig.
- Gliedere die Formelsammlung nach den Aufgabentypen.

Du brauchst Deine Formelsammlung ständig. Hüte sie. Mache eine Sicherheitskopie. Wenn Du konsequent damit arbeitest, hast viele Formeln bald im Gedächtnis. Das erspart Dir Nachschauen.

Extra-Tipp: Wie Du Dein Formelgedächtnis schulst

Mache ein Quiz mit Deinen Kommilitonen. Schreibe den Namen der Formeln auf kleine Karteikarten, lege diese auf einen Haufen und ziehe dann reihum die Karten. Der jeweilige Kartenzieher schreibt die Formel auf eine andere Karte und legt diese ab. Am Ende werden alle Ergebnisse mit denen der Formelsammlung verglichen. Ärgere Dich nicht, wenn Du schwere Formeln bekommst und die anderen scheinbar immer die leichten. Es ist besser für Dich.

Daueraufgabe – Aufgaben- und Lösungssammlung

8

Du musst bis zum Ende des Semesters Deine Sammlungen immer weiter vervollständigen. Hinweise dazu gibt es möglicherweise
- in der Vorlesung,
- in der Übung,
- in der Probeklausur,
- in Übungsbüchern.

Außerdem könnten auch die Dozenten und Übungsleiter konkrete Einschränkungen vornehmen oder Schwerpunkte setzen. Nutze auch die Sprechstunde, um mehr zu erfahren.

9 ▶ Literatur und Klausur

Alle empfohlenen Bücher durchzuarbeiten schafft niemand bis zur Klausur. Außerdem hat man die Inhalte nach dem einfachen Durcharbeiten sowieso nicht für die Klausur drauf. Die große Kunst ist, die klausurrelevanten Inhalte aus der Literatur bestmöglich zu beherrschen.

Die Literaturquellen enthalten die klausurrelevanten Fachinhalte der Vorlesung in ausführlicher Form. Allerdings ist die Darstellung in den Büchern meist nicht für das Lernen und Trainieren geeignet. Die folgende Tabelle erläutert die Arten von Literatur.

Art der Literatur	Erläuterung	Tipps
Lehrbuch-Literatur	Diese Bücher enthalten den fachlich relevanten Stoff in mehr oder minder aufbereiteter Form. Meist bezieht sich die Vorlesung auf ein Buch oder mehrere Bücher. Diese Bücher sind sehr wichtig.	Besorge Dir das Lehrbuch, kaufe es, vielleicht von älteren Semestern.
Nachschlagliteratur	Diese Bücher sind Lexika oder Kompendien. Sie enthalten den Stoff in stark strukturierter Form. Diese Bücher sind nicht so wichtig, können allerdings für das Verständnis nützlich sein.	Anschaffen lohnt meist nicht, bei Bedarf Bibliothek nutzen.
Trainingsliteratur	Aufgaben und Fragen zur Wiederholung und zum Trainieren. Ausprägung der Aufgaben sehr vielfältig.	Sehr nützlich, wenn Aufgaben so ähnlich wie in Deinen alten Klausuren sind.
Zusatzliteratur	weiterführende Informationen zu einzelnen Abschnitten der Vorlesung; oft Artikel; nur sinnvoll, wenn Du Zeit hast und Dich auf das Fach spezialisierst.	nur im Bedarfsfalle konsultieren, am besten in der Bibliothek.

Für die meisten Klausuren sind die Inhalte der Vorlesung und Übung für die Klausur wichtiger als die Inhalte der Literatur. Finde heraus, inwieweit ein Buch für die Klausur tatsächlich relevant ist. Erst dann solltest Du damit arbeiten. Sonst verlierst Du Zeit.

Fragen zur Beschaffung der Informationen über die Literatur

Art der Literatur	Antworten
Welche Bücher stehen in der Literaturliste der Vorlesung?	
Welche Bücher werden in der Übung empfohlen?	
Welche Bücher empfehlen Kommilitonen?	
Welche Bücher werden auf Webseiten empfohlen?	
Welche Bücher werden in den folgenden Kategorien empfohlen?	
Lehrbuch-Literatur	
Nachschlagliteratur	
Trainingsliteratur	
Zusatzliteratur	

Es ist durchaus möglich, dass Du nur mit Mitschriften aus Vorlesung und Übung sowie den anderen Lernmaterialien auskommst. Das ist vor allem bei Grundlagenfächern am Anfang des Studiums der Fall. Prüfe das.

10 Ordnung spart Zeit und gibt Sicherheit

Überlege Dir ein effizientes Unterlagenmanagement. Sortiere die Unterlagen in Fachordner. Nutze Trennstreifen (gelb, blau, rosa ...) und die folgende Einteilung:

Abschnitt A: Alte Klausuren
*   Alte Klausuren
*   Checklisten zur Analyse der alten Klausuren
*   Lösungen
*   Probeklausur
*   Infos zur Klausur vom Lehrstuhl
*   Analysen für die Klausur

Abschnitt B: Übung/Tutorien
*   Aufgabensammlung
*   Mitschriften
*   Ausgegebenes Material
*   Eigene Übungen
*   Formelsammlung
*   Checklisten zur Analyse der Übung
*   Sonstiges zur Übung

Abschnitt C: Vorlesung
*   Gliederung
*   Literaturliste
*   eigene Mitschriften
*   fremde Mitschriften
*   Zusammenfassungen
*   Funde aus dem Internet
*   Checklisten zur Analyse der Vorlesung
*   Sonstiges zur Vorlesung

Abschnitt D: Sonstiges
*   Funde im Internet
*   Alles, was sonst noch so relevant sein könnte.

Diese Einteilung ist für die Phase des Sammelns, Ordnens und Lernens während des Semesters sinnvoll. Vor der Klausur brauchst Du zwei Dinge:

1. Aufgabensammlung

2. Lösungssammlung

Arbeite nur noch damit. Falls Multiple-Choice-Aufgaben eine große Rolle spielen, sind allerdings auch Skripte und Texte notwendig, um weitere Multiple-Choice-Aufgaben zu erstellen.

Wann sollte ich mit dem Sammeln von Materialien anfangen?

Das Sammeln beginnt mit der ersten Veranstaltung. Im Grunde beginnt sie schon mit der Vorbereitung auf die erste Veranstaltung, indem Du Gliederung und Literaturliste von der Webseite des Lehrstuhls herunterlädst.

Woher weiß ich, wann ich genug Material habe?

Genug ist, wenn Deine Rechenaufgabensammlung zu jedem möglichen Aufgabentyp mindestens fünf Beispielaufgaben enthält und wenn Dein Fragenkatalog alle relevanten Begriffe und inhaltlichen Konzepte abbildet.

Dasselbe gilt für Multiple-Choice-Fragen und Aufsatzthemen.

Wie sollte ich mit Materialien anderer umgehen?

Bei Materialien anderer ist zu prüfen, ob sie fehlerfrei sind. Denn schon kleine Fehlerchen können in der Klausur Punkte kosten. Mit der Zeit und der Beschäftigung mit den Lernmaterialien gewinnst Du die notwendige Erfahrung, gute und weniger gute Materialien zu unterscheiden.

Wie nützlich sind Unterlagen aus früheren Semestern?

Sie können eine gute Basis sein. Wichtig ist aber immer der aktuelle Stand.

Studieren

Zielgerichtetes Lernen führt zum Ziel

Lernen ist das Aneignen neuen Wissens und neuer Fähigkeiten. Aus Sicht der Klausur zielt Lernen auf das Verstehen, Memorieren, Anwenden und Wiedergeben von Zusammenhängen. Lernen ist aber nur die Vorstufe zum gezielten Trainieren der Inhalte für die Klausur. Während des Lernens muss die Aufgabensammlung immer weiter vervollständigt werden. Dann macht das Training richtig fit für die Klausur.

Für das Lernen wichtig sind: WAS, WANN, WOMIT und WIE? Lernen geht erst richtig los, wenn der Stoff eingegrenzt ist und die richtigen Unterlagen vorliegen. Die relevanten Inhalte sind also so früh wie möglich zu filtern und die Unterlagen zu besorgen. Sonst verliert man Zeit mit Lernen überflüssiger Inhalte.

Der größte Fehler beim Lernen und die Hauptursache für eine schlechte Klausurnoten ist passives Lernen, Lernen auf Behalten des Stoffs statt auf Anwenden in der Klausur. Lernen muss in Trainieren übergeben, sobald Klausuraufgaben verfügbar sind. Dann kann nichts passieren.

Lernen ist natürlich abhängig von den fachspezifischen Inhalten. Lernmethoden sind dennoch unabhängig vom eigentlichen Inhalt der Fächer anwenden. Außerdem machen inhaltliche Muster in Fächern das Klausurlernen und Trainieren leichter.

Das Lernen muss auf das Ziel KLAUSUR ausgerichtet sein. Man kann sich einem Fach natürlich auch intensiver widmen. Doch hüte Dich vor dem planlosen Lesen dicker Bücher. Lerne, suchend zu lesen, mit Absicht.

2 ▶ Zeit klug nutzen beim Studieren

„Ich habe keinen Plan" = kein Plan oder keine Ahnung. Beides ist schlecht. Hier sind ein paar Wahrheiten.

Behauptet wird	Wahr ist
Früh im Semester mit dem Lernen für die Klausur anfangen bringt auf jeden Fall Erfolg in den Klausuren.	Die Chancen sind sicher höher. Dennoch kann auch das nicht helfen, wenn ich nicht richtig lerne. Früh anfangen und das Richtige richtig lernen führt zum (Klausur-)Erfolg.
Man muss alles genau planen und sich dann in jedem Fall daran halten.	Wenn man das tut, ist man mehr mit Planen und Anpassen des Plans als der eigentlichen Arbeit beschäftigt. Wichtig sind ein grober Plan und „Augen auf", um zu sehen, wo man sich anpassen muss.
Jede Veranstaltung sollte vor- und nachbereitet werden.	Das gilt nicht immer. Manchmal sollte man mehrere Vorlesungen abwarten und dann einen Abschnitt bearbeiten.

Wichtige Regeln für das Planen im Studium:

- Nicht zu detailliert planen, sondern in größeren Zeiteinheiten, in Zeit- oder in Arbeits-Päckchen. Schichten von 3-4 Stunden sind sinnvoll.
- Freiraum lassen für Unvorhergesehenes.
- Meilensteine definieren wie z. B. die einzelnen Abschnitte in der Statistik oder die Teile der Bilanz. Und vor allem Meilensteine feiern!
- In Bereitschaft sein ist alles.
- Den Akzeleratoreffekt ermöglichen und ausnutzen.

Der Akzeleratoreffekt:

Ich plane die Aktivitäten für ein Lernprojekt von 15 Wochen. Nach vier Wochen habe ich einiges gelernt und kann jetzt manches schon schneller als anfangs gedacht. Die Einblicke lassen mich weiter sehen und Zusammenhänge schneller verstehen. Das beschleunigt mein Lernen. Der Effekt ist: mein Plan ist überholt und ich erreiche meine Ziele früher, ohne mehr Zeit!

Leider lassen sich der Akzeleratoreffekt und seine Wirkung nicht vorhersehen. Also kann man sich nicht darauf verlassen. WEnn Du aber konsequent arbeitest, wird er sicher kommen.

Pausen sind wichtig für die Erholung. Du kannst das Lernen sogar stark fördern, wie die 2 Stunden – 15 Minuten – Methode zeigt.

Zeitliche Planung

Erstelle einen Wochenplan nach dem vertrauten Schema Stundenplan. Trage die offiziellen Veranstaltungen ein und plane Deine Lerneinheiten. Plane nicht stundenweise, sondern nach Tagesabschnitten: vormittags, nachmittags, abends. Jeweils nur ein Fach, wenn möglich.

Für das schwerste Fach brauchst Du die meiste Zeit. Plane das Lernen dafür am striktesten. Nimm Dir einen festen Tag in der Woche, an dem Du vormittags oder nachmittags (oder sowohl als auch) nur dieses Fach lernst. Mit festen Terminen bekommst Du auch schwere Fächer in den Griff!

Eine Vorlage für den Wochenplan in Excel findest Du auf www.studeo.de.

Überlege, ob Du zu allen Veranstaltungen gehen musst. Denn das zerreißt mitunter einen Tag. Gehe aber lieber zu den frühen Veranstaltungen. Denn dann kommst Du früher aus dem Bett.

Prüfe für Dich, ob Du besser abends oder morgens lernst. (Ich bin ein Morgenlerner. Denn früher habe ich auf dem Schulweg gelernt. ☺)

Noch eine einfache Regel: Was Du heute nicht schaffst, musst Du morgen schaffen ...

3 ► Relevante Inhalte filtern

Fachwissen sind allgemeine Aussagen oder Übersichten über bestimmte Gegebenheiten und Zusammenhänge. Sie können einfach oder komplex sein. Eine typische Form des Fachwissens sind Modelle als Abbildungen der Realität. Fachinhalte sind der Stoff für die Klausuren. Ohne gute Fachkenntnisse gibt es keine gute Note.

Die kleinste Einheit des Wissens für unsere Zwecke des Klausurlernens ist der Begriff, ein Wort zur Bezeichnung eines Objektes oder Sachverhaltes. Es gilt: **Begriffe, begreifen, in den Griff bekommen!**

Die relevanten Begriffe stehen in der Gliederung der Vorlesung und der relevanten Literatur. Sie halten wie ein Netz das Fachgebiet zusammen, egal wie umfangreich es ist. Der oberste Begriff im Fach ist der Name des Faches wie z. B. Finanzierungstheorie. Daran knüpft eine Kette von Begriffen an wie z. B. Außenfinanzierung, Fremdfinanzierung, Kreditfinanzierung usw. Dieser Umstand lässt sich sehr gut fürs Lernen nutzen. Um die Begriffe herum lassen sich sogenannte Konzepte entwickeln.

Selbst wenn das Skript 100 Seiten hat und das Lehrbuch 500 Seiten, hat die Klausur doch nur Aufgaben für eine oder zwei Stunden. Das lässt hoffen ...

Das Wissen muss in abfragbarer Form vorliegen. Wie filtere ich aber aus Hunderten Seiten Skript, Mitschriften und Büchern heraus, was in der Klausur abgefragt wird? Dafür gibt es keinen leichten Weg, aber einen sicheren.

Inhalte sind ein Netz aus Begriffen und Informationen

Man kann sich fachliches Wissen vorstellen wie eine Netzwerkstruktur, als ein Netz mit vielen kleinen und großen Knoten. Große Knoten sind die zentralen Begriffe. Sie halten das Ganze zusammen. Kleine Begriffe sind kleine Knoten. Alle Begriffe sind direkt oder indirekt miteinander verbunden. Wissen lässt sich mit dem Netzmodell festhalten, um es zu behalten.

Top-down-Ansatz bei den Begriffen zur Strukturierung der Inhalte

Will man dieses Netz von Begriffen/Wissen in den Griff bekommen, muss man irgendwo einen Anfang finden. Die Erfahrung zeigt, dass ein Top-down-Ansatz am besten ist. Die zentralen Begriffe sind in der Regel die Überschriften der Hauptkapitel in der Gliederung. Zuerst werden diese zusammengestellt und präzise definiert. Dann kommen die Begriffe der zweiten Ebene der Vorlesungsgliederung und so weiter. Am Ende ergibt sich ein Netz. Eine Mindmap wie die folgende kann dies am besten abbilden.

Begriffe sind der Kern der Inhalte. Um sie herum sind alle Informationen angeordnet. Dieses „Drumherum" nennen wir im Folgenden Konzept. Konzepte können als zweite Ebene über den Begriffen aufgefasst werden. An sich ist ein Konzept eine Zusammenstellung von Ideen und Informationen zu einem bestimmten Aspekt. Aus Klausursicht ist ein Konzept eine Zusammenstellung von Informationen zu einem bestimmten Begriff, die sich gut abfragen lassen. Auf einer Karteikarte stehen zum Beispiel alle wesentlichen Informationen zum Thema Werbung, Umsatzsteuer oder Elektroantrieb.

W-Fragen als Strukturierungsprinzip

Gibt es eventuell eine allgemeingültige Struktur für ein solches Konzept, unabhängig vom jeweiligen Fach? Ja. Ein geeignetes Ordnungsprinzip sind die W-Fragen was, wer, wie, wann, wo, womit, warum, welche usw. ...Bei jedem Fachbegriff und damit Konzept sind W-Fragen anwendbar. Nehmen wir als Beispiel den Begriff Werbung und formulieren W-Fragen.

W-Fragen zum Beispielbegriff Werbung

Was ist Werbung? Wer macht Werbung? Für wen wird Werbung gemacht? Welche Funktion hat Werbung? Wie wird Werbung gemacht, also welche Formen von Werbung gibt es? Welche Merkmale oder Charakteristika hat Werbung? Was ist der Nutzen von Werbung? Was sind die Vorteile von Werbung? Wo wird Werbung angewendet? Unter welchen Voraussetzungen wird Werbung angewendet? Womit arbeitet Werbung? Welche Instrumente werden bei der Werbung eingesetzt? Wann wird Werbung eingesetzt? Wie wirkt Werbung? Welche Alternativen gibt es zu Werbung? Natürlich ist Werbung eine spezielle Art von Konzept, nämlich ein Instrument. Testen wir ein anderes Beispiel aus der Psychologie, Depressionen.

Aufgabensystematik Nutzen- und Konsumtheorie

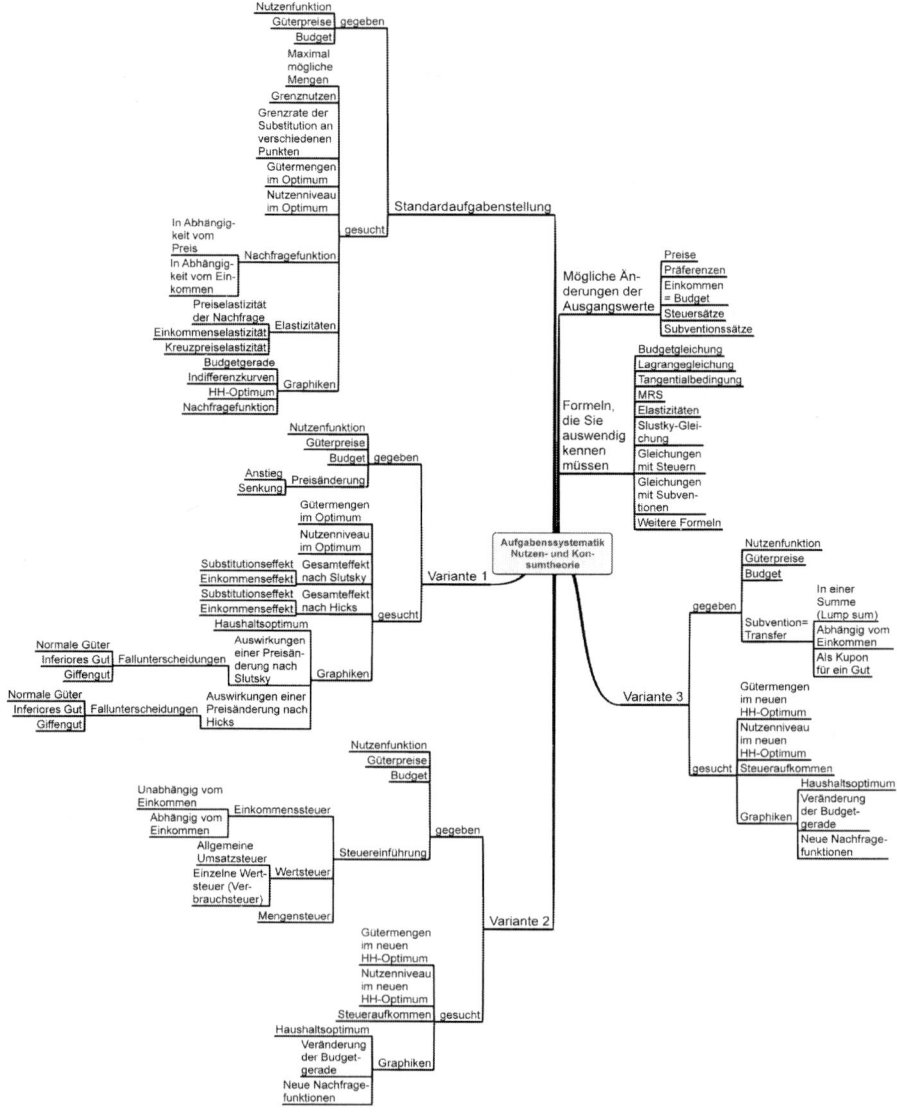

W-Fragen zum Beispielbegriff Depressionen aus der Psychologie

Was sind Depressionen? Welche Merkmale weisen Depressionen auf? Wer hat Depressionen? Warum, was für Ursachen haben Depression? Wie entwickeln sich Depressionen? Wann treten Depressionen auf? Wo treten Depressionen auf, unter welchen Voraussetzungen? Was kann man gegen Depressionen tun? Wohin führen Depressionen? usw..

Klappt offenbar.

W-Fragen zum Beispielbegriff Zitronensäurezyklus aus der Biologie

Nehmen wir als drittes Beispiel den Zitronensäurezyklus. Was ist der Zitronensäurezyklus? Welche Merkmale weist der Zitronensäurezyklus auf? Welche Phasen gibt es im Zitronensäurezyklus? Welche Voraussetzungen sind notwendig? Wo tritt der Zitronensäurezyklus auf? Welche Inputs gibt es, welche Outputs? etc.

Ist schon etwas spezieller, aber das Prinzip funktioniert dennoch.

Unsere Filtermethode für die relevanten Begriffe und Inhalte ist also:
* Suche die relevanten Begriffe in der Vorlesungsgliederung oder in der Lehrbuchgliederung (Checkliste),
* filtere die dazugehörigen Informationen heraus und
* schreibe alles zusammen auf, am besten auf Karteikarten.

Warum Du mit Konzepten arbeiten solltest

Die Organisation des Fachwissens in Konzepten ist näher an einer Klausuraufgabe als jede andere Form der Wissensorganisation. Weder ein Lehrbuch noch eine Formelsammlung noch eine Zusammenfassung sind so nah dran. Der Test für die Aufbereitung lautet: Lässt sich eine Frage beziehungsweise Aufgabe formulieren, deren Antwort die Informationen auf meiner Karteikarte sind? Andere Formen der Wissensorganisation sind nur Vorstufen.

Warum Karteikarten sinnvoll sind
* Karteikarten bieten viel Platz,
* sie sind robust,
* sie sind flexibel, weil sich die Anordnung leicht ändern lässt,
* man kann bekannte Fragen aussortieren,
* Karteikarten eignen sich gut für Quiz in der Lerngruppe,
* Karteikarten sind so auffällig, dass man sie eigentlich nicht verlegen kann,
* Karteikarten lassen sich gut für weitere Klausuren aufheben.

Mit der Netzwerkstruktur des Wissens erarbeitest Du Dir eine solide Basis. Du kannst damit immer mehr in die Tiefe und Breite gehen. Ich habe das mit dem Fach Buchführung erlebt. Mit diesen Fachbegriffen hatte ich eine Basis für andere BWL-Fächer wie Kostenrechnung, Investitionen, Finanzierung, Jahresabschluss, Controlling etc. Dein Wissensnetz wird immer feiner (fachliche Vertiefung im Studium) und größer (neue Fächer).

Mit dieser Arbeitsweise trainierst Du strukturiertes Denken und analytisches Denkvermögen. Mit Fragen dringst Du gezielt zum Wesen der Dinge vor und gelangst so zum Grund als Voraussetzung für Problemlösungen.

Aufbereitung von Inhalten heißt, die relevanten Begriffe und Konzepte übersichtlich zusammenzufassen, am einfachsten handschriftlich auf Karteikarten. Diese Inhalte sind im Grunde die Antworten auf die W-Fragen. Orientiere Dich bei der Auswahl der Begriffe und Informationen an der Mitschrift, dem eventuellen Skript und/oder dem wichtigsten Lehrbuch. Die Informationen lassen sich in der Regel als Antwort auf eine Frage auffassen und demzufolge in der Klausur abfragen. Diese Technik ist übrigens auch bei wissenschaftlichen Arbeiten empfehlenswert.

Fange mit den Begriffen auf den oberen Ebenen an und arbeite Dich die Ebenen hinab, also eher von oben nach unten statt von Kapitel zu Kapitel. Dann kann es nicht passieren, dass Du Dich mit Kapitel 1-4 zu lange beschäftigst und dann für 5-8 nur noch wenig Zeit hast, obwohl diese für die Klausur wichtiger sein dürften.

Neben der Verwendung von Karteikarten kannst Du das Wissen auch einfach auflisten oder in einer Tabelle zusammenfassen. Auch Mindmaps bzw. Organigramme eignen sich. Achte darauf, dass Du nicht zu viel Zeit mit dem WIE zubringst. Je komplizierter die Methode, umso riskanter und zeitraubender. Auf keinen Fall solltest Du die Inhalte auf dem Computer zusammenfassen. Das verschlingt viel zu viel Zeit. Wichtig ist, alle relevanten Informationen erfasst zu haben. Ernsthafte Lücken sind schlecht für die Note.

Am Ende hat man ein paar Dutzend Karteikarten. Offensichtlich kann man damit besser lernen als mit 200 Seiten Unterlagen, Büchern etc.

Vorlesungen effektiv nutzen

4

Die Inhalte der Vorlesung sind der Rahmen und damit relevant für die Klausur. Daher musst Du die Vorlesung so effektiv wie möglich nutzen. Dabei helfen einige Fragen. **(siehe Tab 2, 10, 11, 12, 13, 14, 25, 28 im Anhang)**

- Hält der Lehrstuhlinhaber/Professor selbst die Vorlesung oder ein Assistent?
- Gibt es mehrere Professoren für das Fach? Wenn ja, welche?
- Kannst Du Dir das Semester aussuchen und damit den Professor?
- Gibt es ein Lehrbuch vom Lehrstuhlinhaber? Welches?
- Wie stark lehnt sich die Vorlesung daran an? Vergleiche dazu die Gliederung mit der Vorlesungsgliederung.
- Gibt es Mitschriften? Von wann und wem?
- Wie viele Teilnehmer hat die Vorlesung?
- Wann hat der Dozent seine Sprechstunde?
- Werden vor allem fertige Folien aufgelegt?
- Könne diese später im Internet herunterladen?
- Werden Folien per Hand beschrieben, die Du mühselig abschreiben musst?
- Wird der Stoff frei vorgetragen?
- Wird der Stoff wie in der Gliederung der Reihe nach präsentiert oder werden jeweils bestimmte Theorien oder Konzepte herausgegriffen und dargestellt und den Rest muss man sich selbst erarbeiten?
- Werden Geschichten erzählt? (Das kann amüsant und lehrreich sein, muss es aber nicht).
- Werden die Studenten mit einbezogen?
- Verstehst Du den Inhalt der Vorlesung, ohne vorher etwas im Lehrbuch zu lesen?
- Kannst Du auch nach einiger Zeit noch etwas von der Vorlesung wiedergeben?
- Kannst Du mit Deinen eigenen Mitschriften etwas anfangen?
- Würdest Du Dich im Zweifelsfall darauf verlassen?
- Würdest Du Dich auf Mitschriften anderer verlassen?

Entscheidungen zur Vorlesung

- Willst Du die jeweiligen Kapitel im Lehrbuch vorher oder nachher lesen?
- Willst Du immer zur Vorlesung gehen oder Dir den Besuch mit anderen teilen, um Dich während dieser Zeit selbst vorzubereiten, falls das überhaupt möglich ist?
- Wie willst Du mitschreiben?
- Wie willst Du das Mitgeschriebene aufbereiten?

Tipps für effektives Mitschreiben und Nachbereiten der Vorlesung

- Lege Dir eindeutige Abkürzungen für immer wiederkehrende Begriffe zu wie z. B. U mit Kreis für Unternehmen, oder Inv für Investition oder HH für Haushalt oder NF für Nachfrage etc.
- Beschreibe Dein Blatt nur einseitig! Das erspart Dir später viel Sucherei. Das solltest Du übrigens immer tun, bei allen Notizen oder Zusammenfassungen im Studium.
- Ergänze die Mitschrift zu Hause, insbesondere die Grafiken (aus dem Lehrbuch).
- Vergleiche die Vorlesungsinhalte mit Gliederung und Checkliste.
- Prüfe anhand des Lehrbuchs, wie tief der Lektor in die Materie eingestiegen ist. Lies das Kapitel zu den Gliederungspunkten.
- Suche nach verdeckten Hinweisen, woraus sich eine Aufgabe für die Klausur machen ließe.
- Hat der Lektor etwas besonders hervorgehoben oder gar ein Extrablatt produziert und zum Download bereitgestellt?
- Hat er in letzter Zeit einen Artikel geschrieben, der zum Thema passt? Den solltest Du Dir besorgen.
- Besorge Dir in jedem Falle die Folien aus der Bibliothek oder dem Internet als Ergänzung zu Deiner Mitschrift.

Mache einen Test. Nimm die Mitschrift der letzten Vorlesung und versuche, das behandelte Konzept anhand dieser Mitschrift zu verstehen oder zu erklären. Dann prüfe das Lehrbuch oder Skript dazu und ziehe Deine Schlüsse.

Gedächtnis schulen

Mache folgendes Experiment: Versuche, jeden einzelnen Gedanken des Lektors mitzuschreiben. Das ist anstrengend, aber eine gute Übung:

- Du stärkst Deine Schreibmotorik.
- Du trainierst Deine Aufnahmefähigkeit und Dein Erinnerungsvermögen.
- Du lernst, den Gedankengängen des Vortragenden zu folgen.
- Du dringst in die Tiefe des Faches ein.

Auswertung des Experiments

- Lies Deine Mitschrift noch einmal durch.
- Kannst Du immer noch im Detail verstehen, worum es geht?
- Hast Du alle wesentlichen Gedanken mitgeschrieben?
- Könntest den Gegenstand auf Grundlage Deiner Mitschrift erklären?

Übungen und Tutorien effektiv nutzen

5

Übungen sind näher an der Klausur als die Vorlesung. Du wiederholst den Vorlesungsstoff. Manchmal ist die Übung aber auch die zweite Vorlesung.

(siehe Tab 15 und 16 im Anhang)

- Wer leitet die Übung? Sind es Assistenten, sind es Studenten?
- Stellt einer von diesen die Klausur?
- Welcher/welche Übungsleiter haben einen guten Ruf?
- Werde ich einer Übung zugeteilt? Falls ja, kann ich „tauschen"?
- Kann ich die Übungen in der ersten Woche testen?
- Wie sieht der Übungsleiter den Sinn der Übung, wissenschaftlich oder mehr als Klausurvorbereitung?

Kriterien zur Bewertung der Übung

- Werden klausurrelevante Fragen oder alte Klausuraufgaben bearbeitet?
- Hast Du genug Stoff zum Üben?
- Wird der Stoff didaktisch gut aufbereitet?
- Bekommst Du Zusatzmaterialien?
- Werden die Hauptlinien der Vorlesung in einfacher Form dargestellt?
- Gibt es eine spezielle Gliederung für die Übung? Frage danach.
- Kann der Übungsleiter die Fragen beantworten? Wenn nicht sofort, dann zur nächsten Sitzung?
- Kannst Du nach der Übung Fragen stellen?

Tipps für das Nutzen der Übung

- Löse alte Klausuraufgaben und konsultiere den Übungsleiter in oder nach der Veranstaltung bezüglich der Lösungen.
- Schreibe alle Deine Fragen zu bestimmten Themen auf.
- Gehe nach der Übung zum Leiter und frage nach.
- Frage nach mehr Bezug der Inhalte in der Übung zur Klausur. Vielleicht musst Du das auch fordern.
- Bitte in jedem Fall um eine Probeklausur. Suche Mitstreiter.

6 ▶ Literaturquellen effektiv nutzen

Das Arbeiten mit der Literatur soll auch Fitmachen für die Klausur. In den Grundlagenfächern sind jedoch oft Materialien wie Skripte und Mitschriften vom Lehrstuhl ausreichend für die Klausur. Hier sind einige Empfehlungen. **(siehe Tab 19 im Anhang)**

Lehrbuch-Literatur

- Lies die Abschnitte, die zum Gliederungspunkt angegeben werden oder passen.
- Filtere die relevanten Informationen in Form von Stichworten und Zusammenfassungen auf Karteikarten heraus.
- Setze Dir ein zeitliches Limit, sonst verlierst Du zu viel Zeit.

Nachschlagliteratur

Nutze diese immer gezielt zum Vertiefen besonders wichtiger Inhalte. Die Darstellung im Werk muss mit der Deines Lehrstuhls zusammenpassen.

Trainingsliteratur

- Suche Aufgaben, die zu Deinen Aufgaben passen. Alle anderen Aufgaben sind nicht relevant.
- Füge die Aufgaben mit den Lösungen zu Deiner Aufgabensammlung hinzu.
- Trainiere diese Aufgaben wie Deine anderen auch.

Zusatzliteratur

Normalerweise hast Du dafür wenig Zeit. Daher solltest Du diese nur in Deinen Lieblingsfächern nutzen.

Der Prüfstein für Deine Unterlagen ist die folgende Frage:

Wie viele typische Klausuraufgaben kann ich mit dem bisherigen Wissen und den vorhandenen Materialien lösen?

Fächermuster helfen weiter

7

Fächer unterscheiden sich. Aber es gibt Muster fürs Klausurlernen. Aus vielen Studeo-Kursen, Nachhilfe und Coaching haben wir eine Typologie entwickelt, die das Klausurlernen sehr erleichtert. **(siehe Tab 39-49 Anhang)**

Klausur-typ	Beschreibung	Merkmale	Strategien	Beispielfächer BWL
Mathematisch formale Fächer	Fächer, deren Inhalte in Formelsprache dargestellt werden, eindeutige Aussagen und Ergebnissen möglich	Viele Formeln und Rechenaufgaben, wenig Text, Symbole; Algorithmen anwendbar, Quantitative Ergebnisse; Aufgabentypen bestimmbar; Gegeben und gesucht	Inhalte nachvollziehen, Aufgabentypen bestimmen, Lösungen erstellen, Aufgabensammlung komplettieren Viel Trainieren.	Mathematik, Statistik Quantitative Methoden
Wissenschaftlich-modellartige Fächer	Strukturierte Fächer, mit Denkschemata, Prämissen und Schlussfolgerungen Modelle sind Wissensinseln	Modelle namentlich benannt, Schlussfolgerungen basierten auf Prämissen Modellformalien erkennbar, Prämissen, Restriktionen etc. Modelle für Problemerklärung entwiekelt Chronologie der Weiterentwicklung	Bestimmen der Modelle und Inhalte Mögliche Fragen dazu sammeln Antworten ausarbeiten Fragenkatalog trainieren Oder Prinzip auf Aufsatzthemen anwenden	Mikroökonomie, Makroökonomie

Fächer können auch Merkmale anderer Typen aufweisen. Wichtig ist zu erkennen, welcher Typ überwiegt, um sich beim Lernen danach zu richten.

Klausurtyp	Beschreibung	Merkmale	Strategien	Beispielfächer BWL
Systematisch- hierarchische Fächer	Ganze Gebäude fußen auf einigen Grundmodellen und -konzepten	Viele Begriffe mit eindeutigen Definitionen; Regelwerke, Gesetzbücher Grundregeln/ Grundsätze Mindmap möglich; Klassen von Begriffen erkennbar; Klare Gliederung des Lehrbuchs Hierarchie von Begriffen	Sachfragen sammeln, Antworten sammeln, trainieren Fall relevant komplexere Aufgaben oder Fälle finden und trainieren	Buchführung, Bilanzen / Jahresabschluss, Steuern
Wissensfächer, Endlosfächer	Wenig Struktur, viel gleichrangiges Wissen Wissensinseln	Wenig Hierarchie Wenig Struktur Viele Definitionen Viele isolierte, gleichrangige Begriffe; Lange Skripte, viele Gliederungsebenen, viel verbal erklärt	Sachfragen und Multiple-Choice-Aufgaben formulieren und trainieren	Marketing, Finanzierung
Praktisch-gespeiste Fächer, Lehrmeinungen, Moden	Subjektive Theorien, keine festen Wahrheiten, großer Einfluß von Lehrmeinungen	Namen werden mit Theorien/ Modellen verbunden, Schnell veraltende Inhalte Rasante Entwicklung Inhalte aus Artikeln statt Büchern, Viele Beispiele Rege Diskussion in der Literatur	Sachfragen und Multiple-Choice-Aufgaben formulieren und trainieren	Organisationstheorie, Unternehmensführung, Personal

Klausurtypen in Abhängigkeit vom Prüfer

Neben den Inhalten ist auch die Sicht des Klausurautors einzubeziehen. Da-nach lassen sich diese Klausurtypen unterscheiden.

Klausurtyp aus Prüfer-sicht	Beschreibung	Merkmale	Verbereit-ungsstrategie
Widerholungs-fach	Komplett ausrech-enbar: Die alten Klau-suraufgaben kommen immer wieder in minimal veränderter Form dran. Sonderfall: die alte Klausur ist auch die neue	Viele Wiederholungen relativ identischer Aufgaben und Fragen in alten Klausuren: Alte Aufgaben und Fragen kommen mit veränderten Zahlen in mehreren Klausuren vor; wenige Aufgabentypen, Kaum Büche in den alten Klausuren (gleiche Aufgabenzahl, gleiche Punktzahl, gleiche Themen etc.)	Ganz einfach: Üben, üben, üben!
Berechenbares Fach	Ziemlich berechenbar: Regelmäßigkeit-en in Aufgaben erkennbar, Änderungen und leichte Überra-chungen	Anzahl der Aufgabenvarianten über-schaubar. Nur geringe Änderungen in Aufgabenstellung erkennbar. Alle Aufgabenvarianten trainierbar Möglichweise Aufgaben und Fragen, die leicht abgewandelt immer wieder drankommen	Energie in das Identi-fizieren der Aufgaben- und Fragentypen stecken. Versuchen, alle Variante zusam-menzutragen. Und dann: Üben, üben, üben!
Unberechen-bares Fach	Kaum berechenbar: Ein paar Re-gelmäßigkeiten sind erkennbar, aber es gibt sehr viele Varianten. Der Klausurautor ist sehr innovativ	Viele Varianten von Aufgaben und Fragen, flexibel kombiniert; Lösungen erfordern Fachken-ntnisse; Variante lassen sich im Vorfield nicht komplett erkennen und trainieren. Bestimmte Prinzip-ien anzuwenden. ("Transferleis-tung"); Kaum Wiederholungen von Aufgabenarten in alten Klausuren; Aufgabenelemete willkürlich kombiniert; Ältere Komplikationen nennen Klausur schwer	Aufgabentypen definieren. Schwer-punkt auf Training der Prinzipen. Schwierig, sie zu erkennen. Aber mit Hilfe der Übung und auch Konsultatio-nen lassen sich diese Probleme lösen und sehr gute Ergebnisse erziehen
Geheimfach	Vollkommenes Dunkel bei alten Klausuraufgaben. Nichts bekannt über alte Klausuren oder die neue Klausur	Keine alten Klausuren verfügbar; Ältere Semester waren vor dieser Klausur; Keine offiziell als klau-surähnlich deklarierte Aufgaben; Keinerlei Hinweise auf Klausur vom Lehrstuhl, alles ist möglich Hohe Durchfallquoten, über 50%	Muster aus Vorlesung und Übung filtern; Ältere Semester fragen; Sprechstunde nutzen, nach Form der Klausur fragen und wie man sich gut vorbereitet; www.klausurcoaching.de

8 ▶ Lerntechniken

Es gibt viele Techniken, um sich Inhalte einzuprägen. Hier ist eine Auswahl, die für die Vorbereitung auf eine Klausur besonders geeignet sind.

Die drei Arten des Gedächtnisses:

Kurzzeit-Gedächtnis: Wir behalten das Gelernte bis zu 30 Sekunden.

Mittelzeit-Gedächtnis: Wir behalten das Gelernte bis zu 30 Minuten.

Langzeit-Gedächtnis: Wir behalten das Gelernte – hoffentlich sehr lange.

Draus folgt: Die richtige Wiederholung ist wichtig, nämlich innerhalb des Vergessenszeitraumes. Also wiederholen wir innerhalb der ersten 30 Sekunden einmal und dann innerhalb der ersten 20-30 Minuten. Dann täglich und dann in Abhängigkeit vom Schwierigkeitsgrad.

Die drei Merkmöglichkeiten

Inhaltlich: Oberbegriffe merken, wegen des wichtigen Inhalts

Assoziativ: Verbindung von Informationen in Bildern, Text, Grafiken u. ä.

Strukturell: nach der Form wie Schaubilder, Telefonnummern

Diese Techniken haben wir in unserem Vorbereitungsprozess immer und immer wieder angewendet. Wir sortieren nach Wichtigkeit, wir strukturieren den Stoff mittels Karteikarten und Mindmaps, wir bilden Assoziationen zwischen den Inhalten mittels Mindmaps und Schaubildern etc.

Aber die wichtigste Erkenntnis für Deine Klausur lautet:

Deine Hand ist Dein Gedächtnis!

Schreibe die Inhalte so oft auf, bis Du diese fast blind beherrschst. Beantworte und lösen und gliedere wieder und wieder ...

Mit dieser Technik schaffst Du jede Klausur.

Was kommt dran?
Was muss ich können?

9

Werte die Vorlesung für die Klausur aus:

*   Prüfe anhand von Mitschriften und Gliederung, welche Themen intensiv behandelt wurden. Diese sind wichtig für die Klausur.
*   Frage ältere Semester, ob die Vorlesung eine Orientierung war, das heißt, ob der Professor in der Klausur das abfragt, was er in der Vorlesung behandelt. Oder ob er auch zusätzliche Fragen stellt, z. B. über Konzepte, die nur im Lehrbuch behandelt sind.
*   Vielleicht stellt er auch Fragen, die aktuelle Entwicklungen betreffen, wenn diese auch nur für eine der Fragen relevant sein dürften. Sehr wichtig für die Klausur sind Blätter oder Abhandlungen, die der Lektor austeilt. Meist kannst Du diese aus dem Internet herunterladen.
*   Die letzte Vorlesung solltest Du in jedem Falle besuchen. Sehr oft werden Andeutungen gemacht. Die Klausur ist schon lange fertig und ihr Autor froh, dass er doch noch ein paar schwere Aufgaben entwickeln konnte, die bisher nicht dran waren. Und manchmal gibt es einen Tipp.
*   Vorsicht bei der Interpretation der Hinweise. Glaube eher fassbaren Aussagen des Dozenten wie dem Hinweis, welche Kapitel aus dem Buch für die Klausur nicht wichtig sind.

Checkliste zur Analyse der Vorlesung (siehe Tab 11 und 28 im Anhang)

*   Welche Themen wurden besonders intensiv behandelt? (aus Mitschrift, Gliederung)
*   Kommt in der Klausur dran, was der Lektor in der Vorlesung behandelt? (alte Klausuren, mit Gliederung vergleichen, ältere Semester fragen)
*   Gibt es in der Klausur über die Vorlesung hinausgehende zusätzliche Fragen (z. B. Fragen, die nur mithilfe des Lehrbuchs beantwortet werden können oder zu aktuellen Themen)?
*   Wurden für die Vorlesung Blätter oder Abhandlungen herausgegeben? (direkt ausgeteilt oder im Internet abrufbar?)
*   Gab es Andeutungen in der letzten Vorlesung? (wurden bestimmte Kapitel definitiv ausgeschlossen? Welche?)

Analysieren der Übung bzw. des Tutoriums (siehe Tab 4, 5, 7 und 35)

*   Meist hält der Assistent, der die Klausur stellt, auch eine Übung. Aus der Auswahl der Übungsaufgaben kannst Du Rückschlüsse ziehen, welche Abschnitte und Konzepte wichtig für die Klausur sind.
*   Sollte es Dir schwerfallen, einen Zusammenhang zwischen den Themen der Übung und denen der Vorlesung und folgenden Klausur zu sehen, dann frage den Übungsleiter danach.

- Frage direkt, welche Abschnitte besonders wichtig sind.

Checkliste zur Analyse der Übung/des Tutoriums
- Gibt es eine Gliederung der Übung?
- Welche Abschnitte wurden vertieft? (Vergleich mit Vorlesungsgliederung)
- Zu welchen Themen wurden Blätter ausgegeben/ins Internet gestellt?
- Welche Übungsaufgaben wurden behandelt? Welche wurden verstärkt?
- Welche alten Klausuraufgaben wurden behandelt?
- Wie sieht die Probeklausur aus? (Gibt es keine, mache dem Übungsleiter den Vorschlag, eine zu stellen.)

Analysieren der Literatur und des Lehrbuchs des Professors (siehe Tab 35 im Anhang)

Hat Dein Dozent ein Buch geschrieben, vielleicht sogar das Standardlehrbuch des Faches? Alles in diesem Buch ist für die Klausur relevant. Höre genau hin, wenn der Lektor sagt, was aus dem Buch nicht relevant ist. Frage nach, am besten nach der Vorlesung. Frage, ob das Nichtbehandeln des Abschnitts IV.2.3 bedeutet, dass das Kapitel nicht relevant ist. Aber vermeide, das Offensichtliche zu fragen. Wer war der Professor Deines Professors? Steht ein Buch von ihm auf der Literaturliste? Der Inhalt dieses Buches dürfte relevant sein.

Checkliste zur Analyse des Lehrbuchs des Lektors/Professors
- Welche Kapitel aus dem Lehrbuch wurden in der Vorlesung behandelt?
- Welche Kapitel sind nach Aussage des Professors nicht relevant?
- Hast Du nachgefragt, welche Kapitel nicht so wichtig sind?
- Welche Übungsaufgaben bietet das Lehrbuch? Mit Lösungen?
- Welche davon kamen schon in der Klausur dran?
- Welche davon werden in der Übung besonders behandelt?

Professor fragen (siehe Tab 6 und 36 im Anhang)

Vielleicht denkst Du, das ist fruchtlos. Er oder sie wird doch nicht verraten, was in der Klausur gefragt wird. Wenn Du so direkt fragst: „Was kommt in der Klausur dran?" hast Du recht. Du wirst wohl kaum eine Antwort bekommen, stattdessen ein vielsagendes Lächeln.

Frage nicht direkt, sondern in der Art: Welche Abschnitte oder Kapitel sind besonders wichtig für die Klausur? Bedeutet das Auslassen dieses Abschnittes, dass er nicht relevant ist? Wenn ich die in der Vorlesung und in der Übung behandelten Fragestellungen und Konzepte gründlich nacharbeite, bin ich dann gut vorbereitet?

Frage, was Du zusätzlich tun kannst, um gut vorbereitet zu sein. Mache glaubhaft, dass diese Klausur sehr wichtig für Dich ist und Du Dich daher besonders gut vorbereiten möchten.

Gehe in die Sprechstunde. Das ist persönlicher als nach der Vorlesung.

Checkliste zum Interview mit dem Lektor/Professor
- Welche Abschnitte oder Kapitel sind wichtig für die Klausur?
- Bedeutet das Auslassen dieses Abschnitts, dass er nicht relevant ist?
- Wenn ich die in der Vorlesung und in der Übung behandelten Fragestellungen und Konzepte gründlich nacharbeite, bin ich gut vorbereitet?
- Was kann ich zusätzlich tun, um gut vorbereitet zu sein?

Assistenten fragen, der die Klausur stellt (siehe Tab 37 im Anhang)

Dieser hat meist mehr Einfluss auf die Inhalte der Klausur, da er den Entwurf erstellt. Stelle ihm die gleichen Fragen wie dem Professor.

Checkliste zum Interview mit dem Assistenten
- Welche Übungsaufgaben sind besonders relevant für die Klausur?
- Welche Konzepte sind bisher immer wichtig gewesen? Welche Fragen wurden bisher immer gestellt?
- Mit welchem Buch bereite ich mich am besten vor?
- Wo finde ich Übungsaufgaben, die gut auf die Klausur vorbereiten?

Zusammenfassung der klausurrelevanten Inhalte (siehe Tab 38)

Beantworte jetzt die folgenden Fragen:

Frage	Antwort
Welche Kapitel der Vorlesung sind besonders wichtig?	
Welche Aufgabentypen muss ich besonders trainieren?	
Welche Übungsaufgaben aus dem Lehrbuch sind wichtig?	
Meine Prognose für Aufgaben/Fragen (aus allen Quellen zusammengenommen).	
Was wurde explizit ausgeschlossen? (von offizieller Stelle)	
Weitere wichtige Informationen	

Kommilitonen.

Rechenaufgabensammlung komplettieren

10

Klappe alle Quellen nach passenden Aufgabenstellungen und Fragestellungen ab. Kopiere passende Aufgaben mit Lösungen in die Sammlung. Vergleiche die Sammlung mit der Sammlung Deiner Kommilitonen und tausche Aufgaben.

Wenn Du vielleicht passende Aufgaben hast, lege diese Aufgaben ab. Frage den Übungsleiter. Vergiß nicht die Quelle der Aufgabe. Ordne die Aufgabe einem Aufgabenmuster zu. Dann kannst Du diese richtig trainieren. Prüfe auch den Schwierigkeitsgrad.

Suchen und Erarbeiten der Lösungen

Lösungen gibt es in der Übung, in Lernmaterialien vom Lehrstuhl, in den Materialien anderer Studenten und in den Studeo-Klausurtrainern. Oft musst Du Dir aber die Lösung selbst erarbeiten. Gehe so vor.

Nimm als erstes die Lösungen aus Deiner Übung auseinander. Diese Lösungen sind richtungweisend für Klausuraufgaben. Löse im Laufe der Zeit alle Aufgaben Deiner Sammlung. Beachte die folgenden Regeln:

- Nimm Dir für das Lösen der Aufgaben Zeit. Du musst sorgfältig arbeiten und kannst Dir keine Fehler erlauben.
- Schreibe immer eine Lösung für eine Aufgabe auf ein Blatt. Denn diese Lösung ist Deine Referenz für das Training.
- Ordne die Informationen der Aufgabe nach gegeben und gesucht.
- Du musst alle Begriffe in der Aufgabenstellung vollständig klären und auch scheinbar nebensächliche Wendungen interpretieren können.
- Du musst alle relevanten Textangaben der Standardaufgabenstellung zuordnen.
- Du musst aus den Schlüsselbegriffen auf den Ansatz schließen.
- Rechne die Aufgaben immer noch einmal nach. Rechne diese Aufgaben auch in der Lerngruppe.
- Bei Zweifeln kontrolliere immer zuerst den Lösungsweg anhand Deiner Übungsaufgaben.
- Frage auch den Übungsleiter, wenn das möglich ist.
- Sei hartnäckig bei Aufgaben, von denen Du genau weißt, dass sie in der Klausur drankommen können.
- Führe Buch über die Aufgaben, die Du schon lösen kannst.
- Prüfe nach, ob die abgelaufene Zeit im Semester ungefähr dem abgearbeiteten Prozentsatz der Aufgaben entspricht. Bei starken Abweichungen musst Du Dir eventuell mehr Zeit für das Fach nehmen.

- Mache Sicherheitskopien Deiner Lösungen.
- Nutze Deine Lösungssammlung als Tauschmittel für fehlende Unterlagen.

Am Ende hast Du für alle Aufgaben eine richtige Lösung.

Wie umfangreich muss meine Aufgabensammlung sein?

Eine Faustregel aus der langjährigen Tätigkeit als Repetitor lautet: für jeden Aufgabentyp muss es mindestens fünf Übungsaufgaben geben.

Wie kann ich sichergehen, dass meine Lösungen richtig sind?

Vergleiche sie mit Deinen Musterlösungen und mit den Ergebnissen Deiner Kommilitonen. Im Zweifel solltest Du den Übungsleiter fragen.

Algorithmensammlung

Ein Algorithmus ist eine Rechenregel, die Aufschlüsselung der einzelnen Rechenschritte zur Lösung eines bestimmten Aufgabentyps. Deine Sammlung muss alle klausurrelevanten Algorithmen enthalten. Egal ob Du Algorithmen bewusst trainierst oder nicht, wende in jedem Fall Algorithmen zum Lösen an. Hier ist ein Beispiel für einen Algorithmus aus dem Klausurtrainer I für Mikroökonomie des Studeo Verlages:

1.6 Algorithmen zur Nutzen- und Konsumtheorie

Diese Algorithmen sollen Sie befähigen, die schwierigeren Aufgabenteile eigenständig zu lösen. Wir haben uns bemüht, die einzelnen Rechenschritte so elementar wie möglich darzustellen. Mitunter stehen noch Hinweise in der rechten Spalte. **Arbeiten Sie mit diesen Algorithmen, indem Sie** jeden Schritt nachvollziehen. Rechnen Sie dann ähnliche Aufgaben nach diesem Schema und machen Sie sich weitere Notizen falls nötig.

1.6.1 Lagrangeansatz zur Ermittlung der Nachfragefunktion – Cobb-Douglas-Nutzenfunktion

Vorgang	Erläuterungen/Notizen
1. Die zu maximierende Nutzenfunktion $u(x_1, x_2)$ hinschreiben. Wir nehmen die Cobb-Douglas- Nutzenfunktion $U(x_1, x_2) = x_1^\alpha x_2^\beta$.	
2. Die Budgetbeschränkung $p_1 x_1 + p_2 x_2 = m$ aufstellen.	Eigentlich ist das eine Ungleichung, aber nach dem Gesetz von Walras wird das gesamte Einkommen verbraucht, so dass wir mit der Gleichung rechnen.
3. Die Lagrange-Funktion aufstellen: $L = u(x_1, x_2) - \lambda(p_1 x_1 + p_2 x_2 - m)$ (1.19)	Achtung Vorzeichen: Setzen Sie vor l immer das Minus.
4. Die partiellen Ableitungen von (1.19) nach x_1, x_2, λ ausrechnen und gleich Null setzen: $$\frac{\partial L}{\partial x_1} \overset{!}{=} 0 \quad (1.20)$$ $$\frac{\partial L}{\partial x_2} \overset{!}{=} 0 \quad (1.21)$$ $$\frac{\partial L}{\partial \lambda} \overset{!}{=} 0. \quad (1.22)$$	Lösen Sie nach 1 auf, dann ist das Umstellen einfacher, weil (1.20) und (1.21) leichter gleichgesetzt werden können.

Bedingungen (1.20) und (1.21) nach λ auflösen.

5. Rechte Seiten der nach λ aufgelösten Bedingungen (1.20) und (1.21) gleichsetzen, um die Tangentialbedingung zu erhalten:

- Algorithmen erleichtern das Bearbeiten von Rechenaufgaben und zeigen die Gefahrenstellen.
- Die Algorithmensammlung ist eine gründliche Trainingsanleitung und zeigt Dir, dass es einen Weg zur Lösung der Aufgabe gibt.
- Die Algorithmensammlung zeigt Dir Varianten und Fehlerquellen.

Algorithmen sind kaum in Lehrbüchern oder Übungsbüchern zu finden. Nutze die Studeo-Klausurtrainer für Mathematik, Deskriptive Statistik, Induktive Statistik, Mikroökonomie, Makroökonomie und Investitionsrechnung. Dort findest Du Algorithmen zu den wichtigsten Aufgabentypen.

11 ▶ Fragenkatalog und Antworten ergänzen

Antworten auf die Sachfragen sind die Zusammenfassung eines bestimmten Konzepts auf der Karteikarte o.ä. Mit den Antworten auf klausurrelevante und klausurnahe Fragen lässt sich gut lernen, wiederholen, trainieren und kontrollieren.

Du musst die Fragen mithilfe der Vorlesungsmitschrift, möglicher Skripte oder der Literatur beantworten. Die Antwort muss so sein, dass Du dafür in der Klausur die volle Punktzahl erhältst. Das ist leichter gesagt als getan. Aber immer noch leichter, als sich in der Klausur die richtigen Antworten auszudenken.

Nutze für die Ergänzung Deines Fragenkatalogs die Fragetypen aus der Tabelle.

Je nach Fach sollte Deine Sammlung mindestens 50 umfassen, besser sind 150 Fragen.

Multiple-Choice-Aufgaben + Lösungen erweitern

Für die Multiple-Choice-Aufgabensammlung musst Du die Quellen kennen, aus denen der Stoff für die Fragen kommt. Schauen wir uns an, welche infrage kommen:

Bücher

Aus Kapiteln zu bestimmten Themen werden Sätze herausgezogen, in denen ein Wort verändert wird, entweder das Substantiv oder das Verb. Der Satz klingt plausibel, jedoch ist ein Wort falsch.

Am besten ist, man kennt diese Quellen und lernt damit. Das bedeutet aber eventuell auswendig lernen.

Skripte und Unterlagen des Lehrstuhls

Damit der Inhalt der Klausur mit dem der Vorlesung übereinstimmt, orientieren sich die Autoren der Klausuren an den Texten, die für das Fach geschrieben wurden. Es werden Sätze aus Folien oder Skripten herausgenommen, die leicht verändert werden oder auch nicht. Suche also in den Texten Sätze, die sich dafür eignen.

Aus alten Klausuren

Die Fragen aus alten Klausuren werden noch mal neu gemischt und gepuzzelt. Du solltest also unbedingt die alten Klausuren kennen und die richtigen Antworten auch.

Lösungen für Multiple-Choice-Aufgaben erstellen

Die Lösungen für Multiple Choice sind überschaubar, w für wahr und f für falsch. An sich ist es gut, die Lösungen für die Multiple-Choice-Aufgaben zu haben. Allerdings sind viele Varianten möglich. Daher ist es kaum sinnvoll, die Antworten auswendig zu lernen. Nützlich ist vor allem, das Prinzip der Aufgaben zu kapieren und zu verstehen.

Die Lösungen kommen entweder vom Lehrstuhl oder von Kommilitonen. Am besten ist aber auch hier wieder, sie selbst zu erarbeiten.

Wie kommst Du zu den Musterantworten für Deine Multiple-Choice-Sammlung?

Löse zuerst alle Aufgaben, mit denen Du keine Probleme hast. Dann schaue Dir die Aufgaben an, bei denen Du Zweifel hinsichtlich der Lösung hast. Versuche dann, mithilfe der Literatur und Deiner Mitschriften, die richtige Lösung zu finden.

13 ▸ Aufsatzthemenliste + Gliederung vervollständigen

Das Problem beim Aufsatz ist die Vielfalt. Selbst wenn der Professor das Themengebiet eingrenzt, gibt es noch viele Themenvarianten. Der Stoff muss strukturiert werden. Dazu muss man nachvollziehen, was Klausurautoren bei der Themenauswahl vermutlich tun.

Gehe bei der Stoffaufbereitung so vor:

Fragen	Antworten
Ist nur eine Vorlesung für das Thema relevant?	
Welche Vorlesungen sind relevant, wenn es mehrere sind?	
Übersicht der Themenbereiche gemäß den Gliederungen der Vorlesungen.	
Welche Themengebiete gibt es?	
Manche Fächer und Themen sind besonders relevant. Welche sind das?	

Als relevant bezeichnete Themenbereiche musst Du selbstverständlich ausführlicher und sorgfältiger bearbeiten. Falls Du keine Hinweise bekommst, musst Du zu allen möglichen Themen eine detaillierte Gliederung ausarbeiten.

Schritt 2: Alte Klausuren analysieren

- Analysiere die alten Klausuren eingehend.
- Vergleiche die Aufsatzthemen der Klausur mit den Themen der jeweiligen Vorlesung und Übung.
- Beschreibe die Form des Themas, die Art der Fragestellung.
- Finde heraus, welche Themen immer wieder drankommen, welche Lieblingsthemen Dein Professor hat.
- Mache Dir eine vollständige Liste mit allen Themen, die in den alten Klausuren dran waren, am besten per Computer.

Schritt 3: Schlagworte definieren

Filtere die Schlagwörter aus der Gliederung, der Literatur, der Vorlesung und den Statements Deiner Dozenten heraus. Das sind Wörter, die Deine Dozenten immer wieder benutzen (z. B. Humanvermögen mochte einer meiner Professoren besonders). Solche Wörter musst Du besonders berücksichtigen.

Schritt 4: Strukturieren des Stoffs

Definiere Oberthemen und Unterthemen aus der Gliederung und den gesamten Unterlagen. Zu all diesen Themen könnte man einen Aufsatz schreiben. Erstelle eine Mindmap zu den einzelnen Gebieten.

Schritt 5: „Produzieren von Aufsatzthemen" – Erstellen einer Themenliste

Nimm Dir jetzt alte Aufsatzthemen vor und entwickle aus denselben Themenbereichen neue Themen. Denke dabei an Varianten und Zusammenhänge zwischen den Begriffen. Frage Dich: Was könnte man noch dazu fragen?

Nimm Dir dann die Vorlesungsgliederung und Themenlisten von Seminaren vor oder was sonst relevant ist und versuche, daraus neue Themen und Fragen zu formulieren.

Am Ende solltest Du zu einer Vorlesung mit 2 SWS im Hauptstudium etwa 20 mögliche Themen haben, die alle Kapitel der Gliederung abdecken.

Mustergliederungen für Aufsatzthemen

Eine Gliederung ist eine Auflistung der wesentlichen Punkte für einen Aufsatz, in hierarchischer Ordnung. Jedes Thema ist anders. Daher ist der Nutzen einer konkreten Gliederung beschränkt. Es kommt darauf an, die allgemeingültigen Prinzipien zu verstehen und das Gliedern zu lernen. Gliedern ist eine der größten Herausforderungen im Studium – dieses Thema wird Dich noch bei Hausarbeiten und Deiner Abschlussarbeit beschäftigen.

Mitunter gibt es Gliederungen aus Kolloquien. Auch die Unterlagen von Kommilitonen kommen als Quelle in Betracht.

Wie kommst Du zu den Mustergliederungen für Deine Aufsatzthemen?

Das ist keine leichte Sache. Denn in der Regel sind die Inhalte für einen Aufsatz ziemlich komplex. Das macht es sehr schwer, die relevanten Punkte zu isolieren und die entsprechenden Zusammenhänge zwischen ihnen zu erkennen und zu formulieren. Aber auch hier gilt: diese Aufgabe ist in der Vorbereitung immer noch leichter, als sich in der richtigen Klausur eine Gliederung ohne Vorbereitung auszudenken.

Wenn Du Aufsatzthemen in der Klausur zu bearbeiten hast, dann musst Du im Vorfeld auch solche Themen in der Übung oder im Tutorium durchgehen und gliedern. Diese Mustergliederungen sollten Dir als Vorlage für Deine eigenen Gliederungen dienen. Nimm Deine Aufsatzthemen, gliedere diese und sprich diese Gliederungen am besten mit dem Übungsleiter durch. Mache das mit allen verfügbaren Aufsatzthemen.

14 ▶ Lerngruppen effektiv nutzen

Die folgenden Fragen helfen, sich rechtzeitig vor der Klausur einer Lerngruppe anzuschließen oder selbst eine zu gründen. **(siehe Tab 8 Anhang)**

Die Vorteile einer Lerngruppe

- Klingt sarkastisch aber: Geteiltes Leid ist halbes Leid.
- Austausch von vorhandenen Unterlagen, Wissen und Informationen,
- Gemeinsames Erarbeiten von Konzepten und Unterlagen,
- Gegenseitige Motivation und Wettbewerb,
- Gegenseitiges Abfragen.
- Docendo discimus: Durch Lehren lernen wir. Bringe anderen was bei!
- Einteilung in bestimmte Pflichten wie Besuch von Vorlesungen und Übungen, Kopien bestimmter Unterlagen etc.

Fragen	Antworten
Gibt es Lerngruppen, denen ich mich anschließen kann?	
Habe ich bereits Kontakt zu möglichen Lerngruppen?	
Falls nicht, sollte ich mit Kommilitonen eine Lerngruppe gründen?	
Gibt es im Internetforum eine Möglichkeit, Lernpartner zu treffen?	
Wen sollte ich eventuell ansprechen, um mit mir für die Klausur zu lernen?	
Wer nimmt daran teil?	
Wie fit sind die Teilnehmer?	
Welche Gruppe kommt für mich in Frage?	
Wo trifft man sich?	
Wann trifft man sich?	
Wie oft trifft man sich?	
Was wird in der Lerngruppe gemacht?	
Welche Unterlagen gibt es?	
Sollte ich eine eigene Lerngruppe aufmachen?	
Wie finde ich dafür Leute?	
Wie kann ich mit anderen die Arbeit teilen?	

In der Klausur „stirbt jeder für sich allein", aber man kann mit Kommilitonen zielgerichtet für die Klausur lernen und trainieren. Man kann die nötigen Aufgaben und Unterlagen zusammentragen und dann gemeinsam lernen, sich gegenseitig abfragen oder etwas erklären. Eine solche Arbeitsteilung ist sehr sinnvoll.

Gründung und „Betrieb" einer Lerngruppe

- Die passenden Lernpartner finden,
- Ziele, Strategie und Aufgaben festlegen,
- Aufgaben verteilen,
- Aufgaben erledigen,
- Austausch und gemeinsam lernen,
- gemeinsam trainieren.
- und am Ende gemeinsam feiern!!!

Wann sollte man mit der Lerngruppe anfangen?

Schon relativ früh, um sich die Arbeit schon beim Sammeln und Aufbereiten der Unterlagen zu teilen.

Worauf es bei einer Lerngruppe ankommt

Man braucht Ziele und einen ungefähren Plan. Daher muss man vor den Treffen überlegen, was zu machen ist, welche Abschnitte bearbeitet werden, wie der Stoff durchgegangen wird, welche Aufgaben gerechnet werden etc. Für ein effektives Zusammenarbeiten sind Abstimmung und Koordination nötig.

Risiken und Probleme

Lerngruppen können mitunter zu „Quatschrunden" werden. Versuche daher, dem Ganzen mit Zielen eine Richtung zu geben. Am besten ist, sich an der Aufgabensammlung entlangzuhangeln.

Ein großes Problem ist eine möglicherweise ungleiche Vorbereitung und damit ein ungleicher Wissensstand. Das kann frustrierend und unproduktiv sein. Lege vorher fest, was vorzubereiten ist.

Mittel und Instrumente für das Lernen in der Lerngruppe

Auch wenn es banal klingen sollte, ist ein Kalender ein wirkungsvolles Instrument. Denn er kann disziplinieren. Darin sollten die Termine für die nächsten Wochen und die Dauer der Sitzungen vermerkt werden.

Dann ist eine Art Tagesordnung für jede Sitzung angebracht, eine Liste der zu diskutierenden Themen. Dann können sich alle darauf vorbereiten.

Sinnvoll ist auch eine Themenliste für das gesamte Fach. Dabei solltest Du Dich an der Gliederung der Vorlesung und der Aufgabensammlung orientieren.

Du solltest unbedingt auch eine Liste aller nötigen Lernmaterialien für das Fach zusammenstellen. Dann kannst Du abhaken, welche Unterlagen Du schon hast und welche Du noch brauchst. Natürlich lässt sich so auch die Zusammenarbeit sehr gut koordinieren. Jeder trägt seinen Teil dazu bei, die Lücken an Informationen und Materialien zu schließen.

Ein paar Regeln für effektives Lernen in der Lerngruppe

- Wählt die Mitstreiter mit Bedacht aus. Achtet auf ähnlich gelagerte Interessen an dem Fach.
- Fangt recht früh an (mindestens 7 Wochen vor der Klausur). Dann findet ihr auch eher die lernwilligen Kommilitonen.
- Legt von Beginn an einen konkreten Zeitplan mit Angabe der zu bearbeitenden Kapitel fest.
- Werdet Euch vorher über das inhaltliche Ziel der jeweiligen Treffen klar. Achtet darauf, dass Ihr die Zeit nicht mit Reden vertut.
- Legt die Unterlagen fest, die Ihr verwenden wollt. Orientiert Euch an der Liste in diesem Buch.
- Legt fest, wer welche Unterlagen erarbeitet oder redigiert. Sorgt dafür, dass alle Teilnehmer die gleichen Unterlagen haben.
- Tauscht die Unterlagen aus und verbessert diese gegenseitig, falls nötig.
- Einigt Euch auf ein konkretes Vorgehen. Probiert mehrere Varianten aus.

Sei kritisch und handele, wenn Du spürst, dass die Form der Zusammenarbeit nicht klappt oder jemand die Gruppe nur ausnutzt und selbst nichts einbringt.

Wie groß sollte die Lerngruppe maximal sein?

Bei mehr als vier Teilnehmern wird es schwierig mit der Koordination. Eine Herausforderung wird dann auch, jeden zu Wort kommen zu lassen. Denn länger als 2 Stunden sollte eine Sitzung nicht unbedingt dauern.

Wie oft sollte man sich treffen?

Kontinuität ist notwendig. Einmal die Woche ist das Minimum. Ansonsten hängt es auch von der Klausur und dem gesamten Zeitplan ab.

Braucht man einen Verantwortlichen in der Gruppe?

Man braucht auf jeden Fall einen Organisator für die jeweilige Sitzung. Das könnte der sein, bei dem die Sitzung stattfindet. Das kann ja auch reihum gehen.

Lernen unter Zeitdruck

15

Der Minimax-Tipp

- Wenn Du es besonders eilig hast, bearbeite nur noch alte Klausuraufgaben oder klausurähnliche Aufgaben.
- Besorge Dir die Aufgaben möglichst mit Lösungen.
- Löse die Aufgaben so gut Du kannst.
- Ordne die Lösungen nach der Checkliste.
- Lerne mit dieser Liste die Lösungen auswendig.
- Schreibe die Lösungen solange immer wieder auf, bis Du sie im Kopf hast .

Pragmatisch sein: Strategie 1 – nur noch Klausuraufgaben bearbeiten

Es hat wenig Zweck, jetzt noch lange Skripte oder gar Bücher zu lesen. Du musst pragmatisch sein und Dich um genau das kümmern, was Dich in der Klausur erwartet, und zwar in genau dieser Form. Das bedeutet, wenn Du in der Klausur rechnen musst, dann musst Du auch jetzt rechnen, mit Papier, Stift und Taschenrechner.

Löse alle Aufgaben und schau Dir dann noch einmal die Bereiche an, in denen Du nicht fit bist. Frage Deine Übungsleiter und Kommilitonen wegen unklarer Aufgaben und Lösungswege, denn in den meisten Büchern wirst Du Antworten darauf eher nicht finden. Nutze die Unterlagen aus der Übung. Die Vorlesungsmitschriften sind jetzt weniger hilfreich. Auch unsere Klausurtrainer helfen in vielen Fächern, mit ausführlichen Lösungen. (siehe Klausurtrainer.de)

Du musst in jedem Fall die alten Klausuren analysiert haben, um zu wissen, welche Aufgabentypen relevant sind. Auf diese musst Du Dich konzentrieren.

Pragmatisch sein: Strategie 2 – auf Lücke lernen

Ein wichtiges Prinzip, wenn die Zeit mal wieder nicht reicht. Allerdings muss die Auswahl klug getroffen werden. Wenn Du aus vier Themen zwei auszuwählen hast und es insgesamt 12 Themen gibt, dann kannst Du genau zwei weglassen, damit Deine Erfolgschance noch bei 100 % liegt.

Fange mit den Aufgaben zu den oberen Gliederungspunkten auf der 1. und 2. Ebene an. Dann arbeite Dich langsam vor, auf die 3. und weitere Ebenen. Prüfe unbedingt, wie viele Aufgaben in der Klausur drankommen werden.

Etwas Glück in der Klausur gehört natürlich auch dazu. Doch sollte man so viel vorsorgen wie möglich.

Schreiben, schreiben, schreiben

Vertraue auf die motorische Lernweise. Schreibe die Antworten und Lösungen Deiner Aufgaben wieder und wieder auf Papier. Eigentlich ist Deine Hand das Gedächtnis.

Schreibe auch Formeln oder feststehende Formulierungen wieder und wieder auf.

Beschreibe die Blätter nur einseitig, damit Du nicht blättern musst. Zeit ist kostbar.

Selbstverständlich wirst Du das Gelesene meist nicht wieder anschauen. Das ist auch gar nicht nötig. Du wirst sofort merken, bei welchen Punkten Du noch nicht fit bist.

Wenn Du die alten Klausuraufgaben dreimal durchgearbeitet und richtig gelöst hast, wirst Du mindestens die Hälfte der Punkte in der Klausur holen, vorausgesetzt, Du hast die richtigen Lösungen zum Vergleich.

Sinn und Unsinn von Repetitorien

16

Repetitorien sind überlegenswert, wenn die Klausur schwierig ist, man sich unsicher fühlt und wenn es gute Repetitoren gibt. **(siehe Tab 9, 23 und 24 Anhang)**

Organisatorisches
- Welche Angebote gibt es für das Fach?
- Wer bietet die Repetitorien an?
- Wer kann mir einen Repetitor empfehlen?
- Wann und wo findet ein Repetitorium statt?
- Wann fängt das Repetitorium an?
- Wie lange dauert das Repetitorium?
- Was für Unterlagen gibt es im Repetitorium?
- Was kostet das Repetitorium?

Kriterien zur Beurteilung der Qualität von privaten Repetitorien
- Welche Erfahrung hat der Repetitor?
- Wie lange bietet der Repetitor seine Dienste schon an?
- Kennt der Repetitor die Veranstaltung des Dozenten?
- Was wird im Repetitorium genau gemacht?
- Werden Aufgaben des Lehrstuhls trainiert?
- Welches Lehrmaterial gibt es?
- Wie ausgearbeitet sind die Unterlagen?
- Ist das Material downloadbar?
- Wie ist die Methodik?
- Wie intensiv ist das Aufgabentraining?
- Gibt es Hausaufgaben? Werden diese korrigiert?
- Gibt es Übungsklausuren?
- Gibt es eine Probeklausur?

Sollten die Antworten nicht befriedigend sein, dann frage im Repetitorium danach. Schließlich bist Du der Kunde.

Unermüdlich trainieren

Trainieren statt Lernen

1

Lernen zielt auf Wissen, Trainieren auf Können. Lernen heißt anschauen und verstehen. Trainieren heißt wiederholen, bis man es kann. Wissen und Können, das ist die Essenz. Erst musst Du lernen, dann trainieren, dann wissen. Dann kannst Du das Notwendige für die Klausur. Meist kommt man am Ende aber nicht mehr so richtig zum Training, weil man bis zur letzten Woche mit Anschauen und Verstehen zu tun hat. Dann trainiert man einfach so viel man kann, aber nicht mehr so viel wie man muss. Das ist nicht gut!

Training heißt, vor der Klausur genau das machen, was in der Klausur zu tun ist, nämlich mit dem Stift auf Papier Rechenaufgaben lösen, Fragen beantworten, Multiple-Choice-Fragen beantworten oder einen Aufsatz schreiben. Dafür hast Du die Aufgaben, Fragen und Themen gesammelt.

Du merkst, dass Du genug trainiert hast, wenn Du Dich auf die Klausur freust: **Endlich neue Aufgaben.** ☺

**Hier ist eine Originalrückmeldung von einem Klausurcoaching.
Wir hatten zusammen 5 Klausuren nach diesen Methoden vorbereitet:**

Durch das Training der Klausur wirst du besser, die Klausur wird sicher besser, da die Formulierungen vollendeter und überzeugender werden und außerdem eher vollständig, man hat die diversen Puzzlestücke alle im Arbeitsspeicher und kann schnell auf sie zugreifen und sie kombinieren, dadurch erhöht sich die Wahrscheinlichkeit der 100 %-Punkteausbeute, wenn eine Aufgabe drankommt, die du gelernt hast .

Das ist ein sehr komfortables Punktepolster, wenn in der Klausur noch eine Aufgabe ist, die nicht so ganz die Vorbereitungsaufgabe trifft.

Das ist der Grund, warum diese Klausuren so gut werden! Das ist die Kausalität.

Denn: ohne diese Methode, nur durch Lernen und auch Verstehen und vermeintliches Können – aber nicht Trainieren der Aufgaben und deren Lösung – kannst du nie bei bekannten Aufgaben zu einer vollständigen Punkteausbeute kommen, dafür ist in der Klausur i. d. R. zu viel Stress und der Zeitdruck hindert dich daran, noch mal Brainstorming etc. zu machen. Also: Es muss fast eine automatisierte Verhaltensweise werden, das Lösungunterschreiben; dies spart auch noch Energie und macht Spaß und der Korrektor hat den Eindruck: Besser hätte ich es auch nicht schreiben können.

Ich bin überzeugt, dass dies der Grund ist für die beiden Klausuren (2 Klausuren von 5 Klausuren), die ich mit dem Gesamtabschuss 1,3 abgeschlossen habe. Ganz bestimmt. Und die anderen Klausuren... da habe ich in Teilbereichen richtig gut – quasi durch die Decke – geschrieben und eben Schwächen in anderen Bereichen gehabt... aber da hat mir das Polster eben genützt, dass es keine drei wurde, sondern noch immer eine 2,3.

2 ▶ Trainieren von Rechenaufgaben

Nachdem Du bestimmte Kapitel in der Vorlesung behandelt und gelernt hast, solltest Du die zugehörigen Aufgaben lösen.

- Löse alle Aufgaben, die sich dem Typ zuordnen lassen.
- Mache diese Übung unter Klausurbedingungen, also ohne Hilfsmittel und unter Zeitdruck. Schreibe die Lösungen auf Papier.
- Mache Pause und vergleiche Dein Ergebnis mit der Lösung.
- Prüfe bei Abweichung, ob Du den richtigen Lösungsweg hast.
- Hast Du nur „irgendeine" Lösung einer alten Klausuraufgabe von „irgendwoher", dann musst Du sehr sorgfältig prüfen. Es kann sein, dass Deine Lösung richtig ist, muss aber nicht.

Gehe für alle Aufgaben in Deiner Sammlung so vor:

- Arbeite die Aufgaben kapitelweise ab.
- Schreibe die Lösungen jeweils auf, wie die Antworten bei den Fragen.
- Übe die Aufgaben unter klausurnahen Bedingungen, ohne Hilfsmittel und unter Zeitdruck.
- Löse die Aufgaben in der Lerngruppe. Tausche die Lösungen mit anderen.
- Vergleiche die Lösung mit denen der Übung. Frage den Übungsleiter.
- Gehe so kapitelweise bis zum Ende vor.
- Filtere die Aufgaben heraus, die besonders schwer sind. Trainiere diese wieder und wieder.
- Arbeite die Aufgabensammlung während des Semesters zweimal durch. Direkt vor der Klausur solltest Du es noch zweimal machen. Die schwersten Aufgaben solltest Du so oft wiederholen, bis Du diese in der vorgegebenen Zeit lösen kannst.

Trainiere, die Aufgabenvarianten zu identifizieren und mit den Musterlösungen zu lösen.

Wie Du Deine Nervosität in der heißen Phase bändigen kannst

Eine außerordentlich effektive Methode ist, die Aufgabensammlung noch einmal von Anfang bis Ende durchzuarbeiten, ohne jegliche Unterlagen, mit dem Zeitlimit pro Aufgabe, das in der Klausur gilt. Schreibe die Lösung so ausführlich hin, wie in der Klausur selbst.

Vergleiche die Lösung mit Deiner Musterlösung. So entdecke schnell Deine noch vorhandenen Schwachstellen. Und Du bist beschäftigt, hast also keine Zeit, nervös zu sein.

Da Du in der Klausur schreiben musst, hilft kurz vor der Klausur lautes Aufsagen nichts, Du musst auf Papier schreiben.

Extra-Tipp:

Vergleiche die Lösungen von Aufgabenvarianten. Suche Gemeinsamkeiten und Unterschiede. Das ermöglicht Dir, der Entstehung der Klausuraufgaben auf den Grund zu kommen und sogar selbst Aufgaben zu stellen. Wenn Du das kannst, wird es in der Klausur kaum noch Überraschungen geben.

Halte diese Trainingsmatrix aktuell und Du hast den Überblick.

Auf-gabe	Schwierig? A - C	Kommentar	Lösung vorh.	Wdh. 1	Wdh. 2	Wdh. 3	Wdh. 4
1.							
2.							
3.							
4.							
5.							
6.							

3 ▶ Trainieren von Sachfragen

Trainiere mit Deinem Fragekatalog nach dem folgenden Schema.

- Nachdem Du einen Abschnitt des Faches behandelt und gelernt hast, nimm Dir die dazugehörigen Fragen vor.
- Schreibe die Antworten für fünf Fragen auf ein weißes Blatt, ohne Deine Unterlagen zu Rate zu ziehen.
- Es könnte sein, dass wenig aus Vorlesung, Übung, Lehrbuch und Skript hängengeblieben ist.
- Du wirst auch merken, dass die Darstellung des Konzeptes in Vorlesung oder Buch wenig mit der Darstellung in der Klausur gemein hat. Du musst die Fragen kurz und prägnant beantworten.
- Vielleicht erkennst Du auch, dass Du den Stoff noch nicht komplett verstanden hast .
- Gönne Dir eine Pause und komme nach einem Tag wieder auf den Fragekatalog zurück.
- Gehe alle Fragen durch und schreibe die Antworten komplett richtig hin. Benutze dazu alle Deine Unterlagen.Benutze Karteikarten. Auf eine Seite schreibe die Frage mit der Katalognummer. Auf die andere Seite schreibe die Antwort.
- Um die Fragen und Antworten zu beherrschen, solltest Du Deinen Katalog immer wieder durchgehen und die Antworten niederschreiben.
- SCHREIBE immer und immer wieder, bis Du Dich sicher fühlst. Denn in der Klausur musst Du auch schreiben.

Wie Du Dir den Stoff mit Spaß aneignen kannst

Macht mal in der Lerngruppe ein Quiz. Jeder bekommt eine Nummer von 1 bis 9 und eine Kopie des Fragenkatalogs. Jeder muss Fragen mit seiner Endnummer beantworten, also Fragen 5, 15, 25 usw. Der Spielleiter kontrolliert anhand der Karteikarte und vergibt einen Punkt bei richtiger Antwort. Nimm nur als Spielleiter/Schiedsrichter teil. Was glaubst Du, wie gut Du lernst, wenn andere kontrollieren? Sei streng!

Trainieren von Multiple-Choice-Aufgaben

4

Löse die alten Multiple-Choice-Aufgaben, indem Du versuchst, die richtige Lösung zu finden. Du musst bei unwahren Aussagen, die richtige Lösung nennen können.

Die Schwierigkeit beim Trainieren von Multiple-Choice-Aufgaben ist, dass meist nicht genug Aufgaben vorhanden sind. Außerdem gibt es sehr viele mögliche Varianten dieser Art von Aufgaben. Dies hat auch mit der Fülle des Stoffes zu tun. Daher ist am besten, sich intensiv mit Texten zu beschäftigen, aus denen Aussagen für Multiple-Choice-Aufgaben stammen können. Dazu gehören das Lehrbuch des Professors oder andere Grundlagenbücher, Skripte und Folien vom Lehrstuhl. Suche in diesen Texten nach Aussagen, die sich gut eignen für eine wahre oder falsche Aussage. Dazu gehören Definitionen und Sätze, die etwas beschreiben, wie einen Zusammenhang oder eine Regel. Auch Dein Glossar ist eine Fundgrube für Multiple-Choice-Fragen.

Natürlich wird es nicht möglich sein, alle solche Sätze zu finden oder sich zu merken. Aber es ist anzunehmen, dass zuerst die grundlegenden Inhalte in Multiple Choice auftauchen. Daher ist die Aneignung dieser Inhalte auch schon eine sehr gute Basis für die Multiple-Choice-Fragen in der Klausur.

Das beste Training ist, selbst Fragen aus den Grundlagentexten zusammenzustellen. Damit lerne, die Gedankengänge des Klausurautors nachzuvollziehen und Du bekommst außerdem Material für das Training.

Veranstalte ein Quiz in der Lerngruppe. Puzzelt zusammen Multiple-Choice-Fragen aus. Oder stellt Euch gegenseitig solche Fragen, am besten aus relevanten Quellen.

5 ▶ Trainieren von Aufsatzthemen

In der Klausur musst Du das Thema gliedern. Deshalb musst Du das auch mit Deinen Themen während der Vorbereitung machen.

- Mache Arbeitsteilung in Deiner Lerngruppe.
- Tausche die Themenlisten aus und verteile die Themen.
- Gliedere ein Thema nach dem anderen und tausche die Gliederungen, nachdem Du diese diskutiert hast .
- Analysiere das Lehrbuch Deines Professors, ob er bestimmte Fragestellungen in der Übungssektion hat, die in den Klausuren so oder so ähnlich drankamen.
- Schreibe ab und zu ein Thema wie in der Klausur. Je öfter Du das tust, umso besser.

Du musst in der Klausur schreiben. Also musst Du es auch im Vorfeld. Schreibe immer wieder. Trainiere so Deine Motorik. Du gewinnst Selbstvertrauen, weil Du Ergebnisse siehst und Du stärkst Dein Gedächtnis.

Gehe beim Training so vor

- Inhalte aus Skripten und Zusammenfassungen lernen,
- Themenliste in Lerngruppe diskutieren und austauschen,
- Einzelthemen gliedern,
- in der Lerngruppe vergleichen,
- zu jedem wichtigen Thema einen Aufsatz skizzieren,
- mindestens einen Aufsatz komplett schreiben, am besten zu einem Thema, das wahrscheinlich drankommt. ☺
- Am besten den Dozenten fragen, ob das so in Ordnung ist.

Powerlearning und Powersleeping 6

Es gibt Phasen, in denen der Zeitdruck kaum zu ertragen ist. Dann muss man sich etwas einfallen lassen.

Während eines Auslandsstudiums in Córdoba/Argentinien hatte ich zwei Probleme: erstens die Sprache und zweitens die Inhalte. Da die Zeit begrenzt war und beide Probleme gleichzeitig auftraten, blieb mir nichts übrig, als mir eine Methode zu überlegen, mit der ich in sehr kurzer Zeit sehr, sehr viel lernen und schaffen konnte. Ich hatte mal irgendwo gelesen, dass kurzes Schlafen in den Pausen hilft, sich schnell zu regenerieren (das hatte ich hin und wieder auch schon in der Schule ausprobiert, allerdings im Sitzen und auch nicht in der Pause ...)

Ich habe dann etwas rumprobiert und eine Methode gefunden. So geht sie:
*   Steh früh auf. (6.00 Uhr ist eine gute Zeit.)
*   Setze Dich möglichst sofort nach der Morgentoilette an den Schreibtisch. (Tee/Kaffee kann man auch beim Arbeiten trinken ...)
*   Arbeite 2 Stunden konzentriert.
*   Lege Dich dann wieder zum Schlafen hin, aber nur für 15 Minuten! Stelle Dir unbedingt den Wecker für 15 Minuten auf dem Handy ...
*   Stehe nach 15 Minuten unbedingt auf, auch wenn es schwerfällt!

Frage 1: Warum nur 15 Minuten?

Weil wir im Schlaf eine flachere Atmung haben und dadurch weniger Sauerstoff ins Gehirn gelangt. Das macht müde. Daher fühlst Du Dich nach zwei Stunden Schlaf am Nachmittag meistens wie gerädert und bist zu nichts mehr zu gebrauchen. Das hast Du sicher schon selbst erlebt, oder?

Frage 2: Aber ich schlafe doch gar nicht in den 15 Minuten.

Das macht nichts. Ruhe, denke an was Du willst. Du brauchst im Grunde nur eine Minute gegen Ende in tieferen Schlaf zu versinken. Und mit der Zeit gelingt Dir das.

Frage 3: Aber nach 15 Minuten will ich noch nicht gleich aufstehen.

Tja, das gehört zur Selbstdisziplin. Nur im ersten Moment ist es anstrengend. Danach bist Du wieder wach. Im Übrigen ist es weniger schmerzhaft, als die Klausur noch mal zu schreiben.

Setze Dich nach dem Schlafen wieder an den Tisch und arbeite wieder 2 Stunden.

Wiederhole dieses Spiel so oft am Tag, wie Du es für notwendig hältst. Du kannst damit etwa 6 Schichten fahren. Es funktioniert auch in der Bibliothek (solange man nicht schnarcht ...).

Disziplin ist der Schlüssel bei dieser Methode. Aber der Erfolg stellt sich sicher ein. Ich habe innerhalb von 3 Wochen 3 schriftliche Klausuren geschafft, eine mündliche Klausur absolviert und dazu noch zwei kleine Hausarbeiten von jeweils 15 Seiten geschrieben, alles auf Spanisch. Damit habe ich zwei Fächer im 4. Studienjahr abgeschlossen, mit sehr gut und gut.

Ohne diese Methode hätte ich das niemals geschafft.

Klar ist natürlich: Das ist eine Tortur und zehrt stark an den Reserven, aber es funktioniert. Nach spätestens drei Wochen brauchst Du aber eine Pause.

Probiere diese Methode einmal aus. Du wirst spüren, wie Deine Produktivität steigt.

Klausur-Simulation – der ultimative Test 7

Damit Du weißt, ob Du fit bist, musst Du die Klausur simulieren. Hebe Dir ein paar Aufgaben auf, die Du nicht trainierst, sondern deponierst. Diese sollten die richtige Klausur so weit wie möglich nachbilden, also 4 Aufgaben, wenn es auch in der Klausur 4 Aufgaben sind. Am besten ist, die letzte Klausur als Simulationsklausur aufzuheben, wenn es möglich ist. Werte diese daher am Anfang nur oberflächlich aus.

Du kannst auch in der Lerngruppe Aufgaben kreieren, die dann zu zwei oder drei Klausuren zusammengestellt werden.

Trainiere alle Deine Aufgaben ausreichend und dann richte den Klausurplatz ein, so wie in der richtigen Klausur, Zettel, Stifte, Essen, Taschenrechner und Uhr. Dann stoppe und los geht's.

Wenn Du fertig bist, kontrolliere die Ergebnisse, prüfe Deine verbrauchte Zeit und ziehe Deine Schlüsse.

Was ist, wenn ich nicht alle Aufgaben lösen konnte?

Wenn Du Deine Aufgabensammlung rechtzeitig und so komplett wie möglich erstellt hast und damit ausreichend trainiert hast, darf das eigentlich nicht vorkommen. Wenn doch, dann prüfe, welche Aufgabe Du noch mal intensiv trainieren musst.

Investiere entweder mehr Zeit in das Training der schwierigen Aufgaben oder verringere Deine Erwartungen an das Klausurergebnis. Oder Du verschiebst diese Klausur in das nächste Semester. Das kann manchmal auch eine sehr vernünftige Lösung sein. Spätestens nach der Simulation merkst Du das.

Reüssieren
(Erfolg haben)

Cool bleiben in der Klausur

1

Jetzt kommt es drauf an. Die Vorbereitung ist vorbei, die Klausur liegt vor Dir und Du fängst an zu schreiben. Hier sind einige Grundsätze und Tipps, die Dir helfen, besser mit der Klausur zurechtzukommen.

Grundsatz 1: Eins nach dem anderen.

Wenn es ein schweres Fach ist und vor allem kurze Fragen drankommen, die alle beantwortet werden müssen, dann erledige am besten eine Frage nach der anderen. Denn es ist zu erwarten, dass alle Fragen mehr oder weniger gleich schwer sind. Decke die anderen Fragen ab und gehe nur die gerade vorliegende Frage durch.

Grundsatz 2: Fange mit dem Lieblingsfach an, wenn es mehrere Teilfächer sind.

Das gibt Dir Selbstvertrauen, sorgt für eine positive Stimmung und gibt Kraft für den Rest.

Grundsatz 3: Sorgfalt bei der Auswahl von Aufgaben aus einem Pool

Wähle bei der Auswahl 2 aus 3 oder 3 aus 4 Aufgaben die leichteste Aufgabe zuerst. Sei Dir dann aber sicher, welche der schwereren Aufgaben Du wirklich kannst. Lies die Aufgabenstellung genau durch.

Grundsatz 4: Hüte Dich vor der „Einserbremse".

Eine Einserbremse ist eine Frage, die nur Experten beantworten können. Du bekommst wenig Punkte, dies macht aber den Unterschied zwischen Note 1 und 2 aus. Du sparst Zeit, wenn Du gar nicht erst versuchst, die Aufgabe zu lösen oder die Frage zu beantworten. Oder wenn, dann nur am Ende, wenn schon alles erledigt ist und Dir noch Zeit bleibt. Du solltest schon beim Training ein Gefühl für solche schwierigen Fragen entwickelt haben.

Grundsatz 5: Weniger ist mehr!

Schreibe nicht so viel, wenn es nur wenige Punkte gibt. Manchmal möchte man Defizite bei anderen Fragen ausgleichen. Das bringt aber keine Punkte und kostet nur Zeit. Die Devise lautet: Schreibe weniger, dann schreibst du weniger Unsinn. ☺

Grundsatz 6: Ruhig bleiben und sich mit Brainstorming aus der Patsche helfen.

Da kommt eine Frage, mit der hat man gar nicht gerechnet. Leider muss man sie aber beantworten. Da hilft kein Jammern, sondern Brainstorming: Auf einen Zettel alle Stichworte schreiben, die einem dazu einfallen. Dann sortieren und in einen Zusammenhang bringen, dann eventuell gliedern und den Text dazu aufschreiben. Das verspricht mehr Erfolg als wildes Drauflosschreiben.

Und zuletzt: Bleibe cool. Panik und Hektik helfen nicht weiter. Gebe Dein Bestes. Wenn Du vorher alles gemäß dem Klausur-ABC gemacht hast, wird es klappen.

2 Rechenaufgaben in der Klausur lösen

- Kontrolliere zuerst den Aufgabentyp und fange mit dem leichtesten an.
- Schreibe ordentlich. Der Kontrolleur rät nicht gern.
- Rahme Rechenergebnisse immer ein. Dann sieht es der Kontrolleur sofort und ist, wenn es richtig ist, positiv gestimmt.
- Vergiss nicht den Antwortsatz!

Vermeide Folgendes:

Alle Aufgaben nur oberflächlich lösen, weil Du Angst hast, nicht fertig zu werden. Besser 4 Aufgaben richtig als 5 Aufgaben oberflächlich zu lösen.

Lasse die eventuellen Einserbremsen in den Fragen zur Aufgabenstellung weg. Entweder Du weißt es oder Du weißt es nicht.

Sachfragen in der Klausur beantworten

3

- Fange bei Frage 1 an und decke die anderen Fragen mit einem Blatt zu. Decke dann eine nach der anderen auf.
- Schreibe alles, wonach gefragt wird, nicht alles, was Du zu der Frage weißt.
- Schreibe eher weniger. Es gibt keine Pluspunkte für mehr Inhalt.
- Schreibe in Form von kurzen ganzen Sätzen, wenn möglich, auch in Gedankenstrichen.
- Benutze nur gängige Abkürzungen.
- Fragen, die Du partout nicht beantworten kannst, lasse am besten weg und spar die Zeit für andere Aufgaben.
- Falls Du noch Zeit hast, kannst Du zu offenen Fragen zurückgehen.

Multiple Choice in der Klausur lösen

4

Um zu entscheiden, ob ein Satz wahr oder falsch ist, musst Du die richtige Version kennen. Also musst Du das jeweilige Konzept genau kennen.

So kannst Du in der Klausur vorgehen:

- Fange oben an und decke die anderen Multiple-Choice-Fragen mit einem Blatt zu.
- Schaue die Substantive, Adjektive und Verben genau an. Sie sind der Schlüssel zur Lösung, manchmal aber auch die Wörter immer, meist, stets, nicht.
- Erarbeite Dir längere Sätze, indem Du sie in Einzelteile zerlegst.
- Gehe weiter, wenn Du die Antwort mit Sicherheit nicht weißt.
- Lass beim harten Multiple Choice die zweifelhaften Fragen zu Beginn offen.
- Gehe nach einer Weile zu den offenen Fragen zurück. Versuche aus den anderen Antworten im Block zu erkennen, welche Antwort (wahr oder falsch) wahrscheinlicher ist. Wenn es sich nicht lohnt, zu raten, dann lasse es.
- Bei weichen Multiple-Choice-Fragen wird mitunter empfohlen, alle Antworten entweder wahr oder falsch auszufüllen. Das kann man so nicht sagen. Es scheint allerdings so, dass Klausur-Autoren lieber falsche Fragen entwerfen als richtige (wohl, weil richtige Sätze eigentlich abgeschrieben sind).
- Entscheide eventuell nach der Erfahrung mit alten Klausuren (welche Antwort kam häufiger vor?).

5 ▶ Vorgehen beim Aufsatzschreiben

Das A und O beim Aufsatz ist die Gliederung. Ohne Gliederung verläufst Du Dich wie ein Orientierungsläufer ohne Karte. Erst wenn die Gliederung steht, kannst Du anfangen, zu schreiben! Beginne mit der Themenanalyse in Form eines Brainstormings:

- Nimm ein leeres Blatt, quer.
- Beschreibe diesen Zettel nur einseitig.
- Schreibe die Substantive des Themas heraus.
- Schreibe alle Begriffe auf, die Dir zum Thema und diesen Begriffen einfallen, ohne innere Zensur, hintereinander weg.
- Erinnere sich an alle wesentlichen Punkte aus der Vorlesung, Deinen Unterlagen, Deinem Literaturstudium.

Erstelle nach diesem Brainstorming die Gliederung:

- Ordne die Begriffe auf einem neuen Zettel nach Aspekten, gruppenweise.
- Stelle die Beziehungen zwischen den Begriffen her.
- Erstelle eine Grobgliederung in Abschnitte und Oberkapitel.
- Gliedere dann das Thema vollständig durch, von Anfang bis Ende.

Erst nachdem die Struktur steht, solltest Du anfangen, zu schreiben. Du solltest 20 % der Zeit für die Gliederung verwenden.

- Schreibe jetzt hintereinander weg.
- Gehe auf alle Punkte ein und komme immer auf den Punkt.
- Schreibe immer zu den Stichworten in Deiner Gliederung.
- Lasse Dich nicht zu sehr treiben, sonst kommst Du vom Hundertsten ins Tausendste.

Du musst ein Gefühl dafür bekommen, wie viel Zeit Du für welchen Punkt verwenden kannst. Dieses Gefühl bekommst Du nur durch Training, im Vorfeld der Klausur. Schreibe also vorher einige Aufsätze zur Übung.

Lernen für mündliche Prüfungen 6

Unterschiede zwischen mündlicher Prüfung und Klausuren

Die mündliche Prüfung ist fast immer wesentlich kürzer als Klausuren. Sie dauert maximal eine Stunde, meist zwischen 15 und 30 Minuten. In der mündlichen Prüfung hast Du wenig Zeit zum Nachdenken. Du hast praktisch kaum eine Korrekturmöglichkeit, nachdem Du etwas gesagt hast. Denn es macht einen schlechten Eindruck, besonders, wenn es öfter passiert. Du wirst als Person wahrgenommen, kannst Dich also nicht verstecken. Persönliche Sympathie oder Antipathie können ebenfalls eine Rolle spielen. Du musst auf Nachfragen gefasst sein.

Worauf kommt es im Vorfeld und in der mündlichen Prüfung an?

- Du musst die Eigenheiten einer mündlichen Prüfung erkennen.
- Du musst in Erfahrung bringen, welcher Stoff relevant ist.
- Du musst die entsprechenden Unterlagen zur Verfügung haben und den Stoff lernen.
- Du musst den besonderen Präsentations- oder Vortragsstil in einer mündlichen Prüfung kennen und beherrschen.
- Du solltest, wenn möglich, eine persönliche Beziehung zum Prüfer entwickeln („Gesichtspflege").
- Du musst Deine eigene Strategie für die Prüfung selbst entwickeln.

Erkenne die Eigenheiten einer mündlichen Prüfung!

Aus den Unterschieden zwischen Klausuren und einer mündlichen Prüfung lassen sich die wichtigsten Eigenheiten ableiten:

a) In der mündlichen Prüfung kannst Du nicht umfassende Theorien und Konzepte detailgetreu wiedergeben:

Du musst Dich auf das Wesentliche beschränken.

Du kannst und musst „nur" die wesentlichen Charakteristika und Seiten eines Konzeptes, einer Theorie, eines Modells darstellen. Das ist Dein Glück, sonst würde Deine Vorbereitung ewig dauern. Daraus ergeben sich wichtige Konsequenzen für die Art Deiner Vorbereitung.

b) Es ist beliebt, den „Bogen zu schlagen", also nach Querverbindungen zu anderen Theorien und Modellen zu fragen.

Die mündliche Prüfung ist flexibel. Ein Stichwort kann den Prüfer auf die Idee bringen, ganz plötzlich das Thema zu wechseln. Das kannst und musst Du für sich ausnutzen! (Natürlich nicht wie im berühmten Beispiel mit dem Elefanten: Der Elefant frisst gern Affenbrotbaumblätter. Der Affenbrotbaum ist in der unteren Savanne heimisch …) Werde Dir Deiner starken Themen bewusst und finde in allen anderen Themenbereichen den „Bogen" und die Stichworte. Das könnte vielleicht Dein Rettungsring sein.

c) Eine mündliche Prüfung hat mitunter einen Diskussionscharakter.

Besonders dann, wenn es sich um eine Gruppenprüfung handelt, kommt es häufig zu Diskussionen. Das liegt unter anderem daran, dass Dein Prüfer, nach 10 Kandidaten und vielen trockenen und nervösen Vorträgen, etwas Belebung möchte. Es kann sein, dass er oder sie eine These als Frage in den Raum stellt. Das ist Deine Chance. Denn jetzt kommt es darauf an, dass Du eine eigene, gut begründete Meinung hast. Wenn dann noch ein neuer interessanter Gesichtspunkt für den Prüfer dabei ist, hast Du schon fast gewonnen. Vielleicht kannst Du sogar eine Diskussion anzetteln, indem Du eine These aufstellst. Nichts ist für einen ermüdeten Prüfer belebender!

d) In einer mündlichen Prüfung zählt auch der persönliche Eindruck

Du hast es in der Hand, mit Deinem Auftreten einen guten Eindruck zu machen. Dein Outfit sollte Deinen Respekt vor dem Prüfer ausdrücken und Dein Vortrag sollte überzeugend sein.

Bringe in Erfahrung, welcher Stoff relevant ist.

Im Allgemeinen kannst Du hier genauso vorgehen wie bei der schriftlichen Klausur. Es gibt aber einige Besonderheiten, auf die Du achten musst. Meist hast Du die Möglichkeit, Kolloquien zur Vorbereitung auf eine mündliche Prüfung zu besuchen. Dort werden relevante Themen besprochen. Diese sind natürlich besonders wichtig. Oft gibt es auch eine spezielle Besprechung beim Prüfer, in denen Du Hinweise zu den prüfungsrelevanten Themen erhältst. In jedem Falle solltest Du in die Sprechstunde des Prüfers gehen, um mehr über seinen Stil einer mündlichen Prüfung zu erfahren.

- Frage lieber zu viel als zu wenig. Oft werden die Themen vergangener Seminare als prüfungsrelevant definiert.
- Frage nach, ob es in Deinem Fall zutrifft. Besorge Dir dann alle relevanten Seminarthemen und -arbeiten.

- Schaue Dir aufmerksam die Gliederungen an und erstelle daraus eine Checkliste.
- Arbeite die Hauptkonzepte heraus und Du hast immer die Querverbindungen zur Vorlesung im Blick.

Besorge oder erstelle die notwendigen Unterlagen und lerne den Stoff.

Nachdem Du weißt, welche Abschnitte und Kapitel relevant sind, besorge oder erstelle Dir die entsprechenden Unterlagen.

- Erstelle Dir aus Deinen Vorlesungs- oder Seminarunterlagen eine Checkliste und einen Themenkatalog. Diese Unterlagen sind der Kompass für Deine Vorbereitung.
- Versuche die Themen als Fragen zu formulieren, wie sie in einer mündlichen Prüfung gestellt werden können.
- Beantworte dann jede Frage in Stichworten. Schreibe die wesentlichen Begriffe dazu auf.
- Suche die Querverbindungen zu anderen Fragen.
- Bereite Dich in einer Lerngruppe vor. Frage Dich ab.
- Prüfe Dich wie in einer richtigen Prüfung.
- Trage die Antworten vollständig vor und korrigiere Dich erst, wenn Du mit Deinem Vortrag fertig bist.
- Wiederhole für sich die einzelnen Fragen und Konzepte, bis Du Dich sicher fühlst. Konzentriere Dich auf die Komplexe, die nicht Deine Stärke, aber besonders relevant sind.

Wie Du den Prüfer auf Dich persönlich aufmerksam machst („Gesichtspflege")

Der Prüfer sollte Dich persönlich kennen, am besten mit Namen. Wie aber bewerkstelligst Du das in der Massenuniversität?

- Gehe in die Sprechstunde! Du musst nicht jede Woche gehen, aber wenigstens zweimal im Semester.
- Stelle in der Vorlesung Fragen. Damit hebe Dich ab.
- Sei im Seminar aktiv. Diskutiere mit und gib Deine Meinung kund.
- Gehe nach der Vorlesung auf den Professor zu und stelle vertiefende Fragen zum Thema oder verwandten Themen.

Präsentations- und Vortragsstil in der mündlichen Prüfung

In der mündlichen Prüfung ist der äußere Eindruck sehr wichtig:

Natürlich muss Deine Kleidung top sein. Anzug oder Kostüm sind Pflicht, wenn Du nicht schon zu Beginn einen schlechten Eindruck machen möchtest. Gib in diesem Punkt keinerlei Grund zu Beanstandungen.

Hast Du große Angst vor einer mündlichen Prüfung? Gib es zu. Sage: „Ich bin sehr aufgeregt". Das verschafft Dir Sympathie.

Du solltest den Professor kennen, vor allem seine Art zu fragen und ob er Signale aussendet. Solltest Du vorher keine Gelegenheit haben, seinen Stil kennenzulernen, musst Du es in der Prüfung tun, vorausgesetzt, Du bist in einer Gruppenprüfung.

Denke erst über das Gefragte nach, bevor Du etwas sagst. Du hast durchaus etwas Zeit dazu. Nicht alle Fragen sind immer eindeutig zu beantworten. Frage daher nach. Gewinne Zeit, indem Du die Frage kurz analysierst und nachfragst in der Art „Welche der beiden meine Sie ..." Übertreibe es aber nicht!

Fange mit der Antwort allgemein an. Komme dann auf den Kern. Wenn Du es nicht genau weißt, versuche Dich zur Antwort hinzutasten, z. B. „Ist es nicht so, dass die ..."

Versuche in der Prüfung zu stehen. Das verleiht mehr Spannkraft.

Schaue dem Prüfer in die Augen, allerdings mit Maß, sonst wirkt es aggressiv. Schaue freundlich, versuche, an etwas Schönes zu denken.

Sprich laut und deutlich und langsam aus, was Du zu sagen hast. Dadurch wird Dein Vortrag auch mehr Zeit in Anspruch nehmen. Dann bleibt weniger Zeit für Nachfragen ...

Bist Du mit Kommilitonen in der Prüfung, nimm Bezug auf das vorher Gesagte. Ergänze es oder führe es auf Dein Thema hin weiter. Das macht einen sehr professionellen Eindruck.

Wenn es das Thema erlaubt, versuche, eine Diskussion anzufangen. Das geht gut bei Themen, die eine subjektive Komponente haben.

Anhang

1 ▸ Tab. 1: Checkliste Formalien Veranstaltungen

Fragen	Antworten
Welche Veranstaltungen gibt es?	
Wann finden sie statt?	
Wo finden sie statt?	
Wer leitet sie?	
Sind sie Pflicht?	

2 ▸ Tab. 2: Checkliste Unterlagen im Internet

Fragen	Antworten
Werden Unterlagen ins Netz gestellt?	
Welche Art von Unterlagen werden ins Netz gestellt?	
Auf welcher Seite?	
Wie lautet der Zugangscode?	
Wann werden sie immer reingestellt?	

3 ▸ Tab. 3: Checkliste Übungen

Fragen	Antworten
Gibt es Übungen?	
Wann finden sie statt?	
Wo finden sie statt?	
Wer leitet sie?	
Was ist der Inhalt?	
Werden (Klausur-)Aufgaben besprochen?	
Welche Inhalte werden ausgegeben?	
Gibt es Inhalte im Internet? Wo?	

Tab. 4: Checkliste Tutorien

4

Fragen	Antworten
Gibt es Tutorien?	
Wann finden sie statt?	
Wo finden sie statt?	
Wer leitet sie?	
Was ist der Inhalt?	
Werden (Klausur-)Aufgaben besprochen?	
Welche Inhalte werden ausgegeben?	
Gibt es Inhalte im Internet? Wo?	

Tab. 5: Checkliste Sprechstunden

5

Fragen	Antworten
Wann ist die Sprechstunde?	
Wie oft ist sie? Wo ist sie?	
Muss ich mich anmelden?	
Wie viel Zeit habe ich dabei?	
Kann ich auch nach einer Veranstaltung Fragen stellen?	
Haben Assistenten Sprechstunden?	

6 ▶ Tab. 6: Checkliste Probeklausuren

Fragen	Antworten
Gibt es eine Probeklausur?	
Wer stellt sie?	
Was enthält sie?	
Inwieweit entspricht sie der richtigen Klausur?	
Gibt es die Lösungen dazu?	
Wie lange dauert die Klausur?	
Wann findet sie wo statt?	

7 ▶ Tab. 7: Checkliste Lerngruppen

Fragen	Antworten
Gibt es Lerngruppen?	
Wer nimmt daran teil?	
Wie fit sind die Teilnehmer?	
Welche Gruppe kommt für mich in Frage?	
Wo trifft man sich?	
Wann trifft man sich?	
Wie oft trifft man sich?	
Was wird in der Lerngruppe gemacht?	
Welche Unterlagen gibt es?	
Sollte ich eine eigene Lerngruppe aufmachen?	
Wie finde ich dafür Leute?	
Wie kann ich mit anderen die Arbeit teilen?	

Tab. 8: Checkliste Repetitorien

8

Fragen	Antworten
Gibt es Repetitorien?	
Wo? Wann?	
Wer organisiert diese?	
Wer ist der Repetitor?	
Was wird im Repetitorium genau gemacht?	
Gibt es Aufgabentraining?	
Werden Aufgaben des Lehrstuhls trainiert?	
Welches Lehrmaterial gibt es?	
Ist das Material downloadbar?	

Tab. 9: Checkliste zur Einschätzung von Dozenten

9

Kriterium	Antwort
Zugänglich	
Erfahren	
Stellt Downloads zur Verfügung	
Didaktisch versiert	
Nette Klausur („human")	
Anspruchsvoll	
Streng	
Detailorientiert	

10 ▶ Tab. 10: Checkliste zur Analyse der Vorlesung

Frage	Antwort
Hält der Lehrstuhlinhaber/Professor selbst die Vorlesung oder ein Assistent?	
Gibt es mehrere Professoren für das Fach? Wenn ja, welche?	
Kannst Du Dir das Semester aussuchen und damit den Professor?	
Gibt es ein Lehrbuch vom Lehrstuhlinhaber? Welches?	
Wie stark lehnt sich die Vorlesung daran an? Vergleiche dazu die Gliederungen.	
Gibt es Mitschriften? Von wann und wem?	
Wie viel Teilnehmer hat die Vorlesung?	
Wann hat der Dozent seine Sprechstunde?	

11 ▶ Tab. 11: Kriterien zur Beurteilung der Vorlesung

Frage	Antwort
Werden vor allem fertige Folien aufgelegt?	
Kannst Du diese später im Internet herunterladen?	
Werden Folien per Hand beschrieben, die Du mühselig abschreiben musst?	
Wird der Stoff frei vorgetragen?	
Wird der Stoff wie in der Gliederung der Reihe nach präsentiert oder werden jeweils bestimmte Theorien oder Konzepte herausgegriffen und dargestellt und den Rest muss man sich selbst erarbeiten?	
Werden Geschichten erzählt? (Das kann amüsant und lehrreich sein, muss es aber nicht).	
Werden die Studenten mit einbezogen?	
Wann hat der Dozent seine Sprechstunde?	

Tab. 12: Nutzen der Vorlesung bewerten

12

Frage	Antwort
Verstehst Du den Inhalt der Vorlesung, ohne vorher etwas im Lehrbuch zu lesen?	
Kannst Du auch nach einiger Zeit noch etwas von der Vorlesung wiedergeben?	
Können andere mit Deinen Mitschriften etwas anfangen?	
Würde Dich im Zweifelsfall darauf verlassen?	
Würdest Du Dich auf Mitschriften anderer verlassen?	

Tab. 13: Vorbereiten und Mitschreiben in der Vorlesung

13

Frage	Antwort
Wolle die jeweiligen Kapitel im Lehrbuch vorher oder nachher lesen?	
Wolle immer zur Vorlesung gehen oder sich den Besuch mit anderen teilen, um sich während dieser Zeit selbst vorzubereiten?	
Wie wolle mitschreiben?	
Wie wolle das Mitgeschriebene aufbereiten?	

14 ▶ Tab. 14: Checkliste zur Auswahl der Übung

Frage	Antwort
Wer leitet die Übung?	
Sind es Assistenten, sind es Studenten?	
Stellt einer von diesen die Klausur?	
Welcher/welche hat einen guten Ruf?	
Wirst Du einer Übung zugeteilt?	
Falls ja, kannst Du eventuell „tauschen"?	
Kannst Du alle angebotenen Übungen in der ersten Woche testen?	
Wie sieht der Übungsleiter den Sinn der Übung, wissenschaftlich oder mehr als Klausurvorbereitung?	

15 ▶ Tab. 15: Nutzen der Übung bewerten

Frage	Antwort
Werden klausurrelevante Fragen behandelt?	
Werden alte Klausuraufgaben bearbeitet?	
Hast Du genug Stoff zum Üben?	
Wird der Stoff didaktisch gut aufbereitet?	
Bekommst Du Zusatzmaterialien?	
Werden die Hauptlinien der Vorlesung in einfacher Form dargestellt?	
Gibt es eine spezielle Gliederung für die Übung? Wenn nicht, frage danach.	
Kann der Übungsleiter alle Fragen beantworten? Wenn nicht sofort, dann zur nächsten Sitzung?	
Kannst Du nach der Veranstaltung Fragen stellen? Kann er sie beantworten?	

Tab. 16: Checkliste Verfügbarkeit offizieller Unterlagen

Art der Quelle	Verfügbar?			Habe ich
Gliederung	☐ Ja, viel	☐ Ja, wenig	☐ Nein	
Literaturverzeichnis/Reader	☐ Ja, viel	☐ Ja, wenig	☐ Nein	
Offizielles Skript	☐ Ja, viel	☐ Ja, wenig	☐ Nein	
Folien/Handouts	☐ Ja, viel	☐ Ja, wenig	☐ Nein	
Formelsammlung	☐ Ja, viel	☐ Ja, wenig	☐ Nein	
Übungsaufgabensammlung	☐ Ja, viel	☐ Ja, wenig	☐ Nein	
Alte Klausuren	☐ Ja, viel	☐ Ja, wenig	☐ Nein	
Probeklausuren	☐ Ja, viel	☐ Ja, wenig	☐ Nein	
Musterlösungen zu Aufgaben	☐ Ja, viel	☐ Ja, wenig	☐ Nein	

Tab. 17: Checkliste Verfügbarkeit Lernmaterialien

17

Art der Quelle	Verfügbar?			Habe ich
Checkliste	☐ Ja, viel	☐ Ja, wenig	☐ Nein	
Glossar	☐ Ja, viel	☐ Ja, wenig	☐ Nein	
Mitschrift/Skript/Zusammen-fassung	☐ Ja, viel	☐ Ja, wenig	☐ Nein	
Karteikarten	☐ Ja, viel	☐ Ja, wenig	☐ Nein	
Mindmaps	☐ Ja, viel	☐ Ja, wenig	☐ Nein	
Rechenaufgabensammlung	☐ Ja, viel	☐ Ja, wenig	☐ Nein	
Fragenkatalog	☐ Ja, viel	☐ Ja, wenig	☐ Nein	
Rechenaufgaben	☐ Ja, viel	☐ Ja, wenig	☐ Nein	
Multiple-Choice-Aufgaben	☐ Ja, viel	☐ Ja, wenig	☐ Nein	
Aufsatzthemenkatalog	☐ Ja, viel	☐ Ja, wenig	☐ Nein	
Case-Katalog	☐ Ja, viel	☐ Ja, wenig	☐ Nein	
Eigene Formelsammlung	☐ Ja, viel	☐ Ja, wenig	☐ Nein	
Rechen-Checkliste	☐ Ja, viel	☐ Ja, wenig	☐ Nein	
Algorithmensammlung	☐ Ja, viel	☐ Ja, wenig	☐ Nein	
Reader	☐ Ja, viel	☐ Ja, wenig	☐ Nein	

Tab. 18: Checkliste Literatur

Art der Literatur	Antworten
Welche Bücher werden in der Literaturliste für die Vorlesung genannt?	
Welche Bücher werden in der Übung empfohlen?	
Welche Bücher empfehlen Kommilitonen?	
Welche Bücher werden auf Webseiten empfohlen?	
Welche Bücher werden in den folgenden Kategorien empfohlen?	
Lehrbuch-Literatur	
Nachschlagliteratur	
Trainingsliteratur	
Zusatzliteratur	
Verfügbarkeit in Bibliothek	
Verfügbarkeit in Buchladen	
Verfügbarkeit bei Amazon	
Verfügbarkeit in Bücherbörsen	
Verfügbarkeit bei Kommilitonen	

19 Tab. 19: Checkliste Klausurformalien

Fragen	Antworten
In welchem Turnus wird die Klausur angeboten? Jedes Semester, einmal im Jahr?	
Zu welchen Terminen wird die Klausur jeweils ungefähr angeboten?	
Wie viele Aufgaben gibt es in der Klausur?	
Wie viele Punkte gibt es pro Aufgabe?	
Sind Aufgaben wählbar?	
Können bestimmte Aufgaben weggelassen werden?	
Wie viele Punkte braucht man zum Bestehen?	
An welchem Tag ist die Klausur?	
Um wieviel Uhr ist die Klausur?	
Wie lange dauert die Klausur?	
Wo findet die Klausur statt?	

20 Tab. 20: Checkliste Informationen über alte Klausuren

Fragen	Antworten
Gibt der Lehrstuhl alte Klausuren heraus?	
Werden alte Klausuren zum Download auf der Webseite angeboten?	
Wie viele alte Klausuren sind verfügbar?	
Sind die alten Klausuren von dem Dozenten, der aktuell die Klausur stellt?	
Gibt es zu den Aufgaben auch Muster-lösungen?	
Falls die alten Klausuren nicht zum Download angeboten werden, wo kann ich sie finden?	

Tab. 21: Checkliste Lerngruppen

Fragen	Antworten
Gibt es Lerngruppen, denen ich mich anschließen kann?	
Habe ich bereits Kontakt zu möglichen Lerngruppen?	
Falls nicht, sollte ich mit Kommilitonen eine Lerngruppen gründen?	
Gibt es im Internetforum eine Möglichkeit, Lernpartner zu treffen?	
Wen sollte ich eventuell ansprechen, um mit mir für die Klausur zu lernen?	

Tab. 22: Checkliste Dienstleister

Fragen	Antworten
Welche Angebote gibt es für dieses Fach?	
Wer bietet diese Dienstleistungen an?	
Welche Erfahrungen hat der Dienstleister?	
Wie lange bietet der Dienstleister seine Dienste schon an?	
Wo finde ich bei Bedarf einen Nachhilfelehrer oder Repetitor?	
Wer kann mir eventuell einen Dienstleister empfehlen?	
Wann und wo findet ein Repetitorium statt?	
Wann fängt das Repetitorium an?	
Wie lange dauert das Repetitorium?	
Was für Unterlagen gibt es im Repetitorium?	
Was kostet das Repetitorium?	

23 ▶ Tab. 23: Checkliste zur Beurteilung eines Repetitoriums

Kriterien	Antworten
Welche Erfahrung hat der Kursleiter?	
Kennt der Repetitor die Veranstaltung des Dozenten?	
Wie ausgearbeitet sind die Unterlagen?	
Wie ist die Methodik?	
Wie intensiv ist das Training?	
Gibt es Hausaufgaben? Werden diese korrigiert?	
Gibt es Übungsklausuren?	

24 ▶ Tab. 24: Skripte und Mitschriften vergleichen

Aufgabe	Erledigt	Wann	Noch zu tun!
Vergleiche die alte Gliederung mit der aktuellen.			
Finde die Unterschiede heraus.			
Überprüfe die Qualität der Mitschrift anhand Deiner eigenen ersten Vorlesungen.			
Entscheide, ob Du Dich auf diese Mitschrift verlassen kannst und daher nicht in jeder Vorlesung anwesend sein musst.			

Tab. 25: Analysieren von Informationen und Materialien

Fragen	Antworten
Welches Fachwissen ist besonders relevant für die Klausur?	
Wie wird es in der Klausur abgefragt?	
Wie sieht die Klausur aus?	
Welche Aufgabentypen und Fragetypen kommen vor?	
Welche Aufgaben sind besonders schwer?	

Tab. 26: Klausurinventur

Auf-gabe	Thema/In-halt	Typ	Punkte	Zeit in Mi-nuten	Schwi-erigkeit Skala A - C	Lösung vor-han-den?	Zuord-nung der Übung-sauf-ga-ben
SS 2006							
1.	Haushalt, Nutzen-funktion						
2.	Arbeit und Freizeit						
3.							
4.							
WS 06/07							
1.							
2.							
3.							

27 ▸ Tab. 27: Übereinstimmungen Klausuren und Vorlesung

Thema	WS 05/06	SS 2006	WS 06/07	SS 2007	WS 07/08	SS 2008
Gliederungspunkt 1.1	X			X		
Gliederungspunkt 1.2	X		X			X
Gliederungspunkt 2.1	X	X				
Gliederungspunkt 2.2			X			X
Gliederungspunkt 2.3	X	X		X		X
Gliederungspunkt 3.1		X	X			X
Weitere						

28 ▸ Tab. 28: Vorkommen von Aufgabentypen in Klausuren

Aufgabentypen	Immer	Häufig	Selten	Noch nie
Textaufgaben zum Rechnen	☐	☐	☐	☐
Aufsatzthemen in verschiedenen Varianten	☐	☐	☐	☐
(kurze) Sachfragen	☐	☐	☐	☐
Multiple Choice in verschiedenen Varianten	☐	☐	☐	☐

Tab. 29: Multiple-Choice-Muster alter Klausuren erkennen 29

Fragen	Antworten
Sind die MC-Aufgaben in Themenblöcke gegliedert?	
Welche Themen sind das?	
Gibt es Regelmäßigkeiten in den Themen?	
Stimmen die Blöcke mit denen aus der Vorlesungsgliederung überein? Inwieweit?	
Sind sie mit Abschnitten im Lehrbuch identisch?	
Finde die Stellen in Büchern oder Unterlagen, aus denen die Fragen stammen? Oder wenigstens Kapitel?	

Tab. 30: Analyse der Regelmäßigkeiten in alten Klausuren 30

Fragen	Antworten (Stimmt das? Analysieren!)
Die Klausur-Oberthemen wiederholen sich, die Einzelfragen variieren, mehr oder weniger stark.	
Es gibt einen Wechsel zwischen verschiedenen Aufgabentypen innerhalb eines Stoffkomplexes.	
Es gibt schwerere und leichtere Formulierungen von Aufgaben desselben Typs.	
Es gibt Aufgabentypen, die fast immer drankommen. Welche sind das?	

31 ▸ Tab. 31: Antworten auf die Frage: Was kommt dran?

Fragen	Antwort
Wie genau decken sich die Oberthemen der Klausuraufgaben mit denen der Vorlesungsgliederung?	
Wo gibt es Unterschiede?	
Sind die Klausurkomplexe mit den Komplexen der Vorlesung identisch? Wie ist die Übereinstimmung?	
Wie tief im Inhaltsverzeichnis sind die Fragen angesiedelt?	
Wie umfangreich sind die notwendigen Antworten?	
Wie viel Punkte gibt es für die einzelnen Aufgaben?	
Wie wiederholen sich die Komplexe oder Überschriften?	
Ist in der Wiederholung der Aufgaben eine Systematik erkennbar?	
Gibt es Grundaufgaben, die immer wieder so vorkommen? Welche?	
Sind Lieblingsaufgaben des Professors offensichtlich? Fragen, mit denen er sich seit langem beschäftigt?	
Welche Aufgaben nimmt der Lektor dran, wenn die Klausur besonders schwer werden soll?	
Wie sind die Klausuraufgaben aufgebaut?	
Bauen die Aufgaben aufeinander auf?	
Wie umfangreich sind die Antworten auf die kurzen Fragen?	
Kannst Du erkennen, woher diese kurzen Fragen sind? Quelle angeben.	
Kannst Du die Fragen bzw. Antworten aus dem Vorlesungsskript wiedererkennen?	

Tab. 32: Auswertung der Vorlesung für die Klausur

32

Frage	Antwort
Welche Themen wurden besonders intensiv behandelt? (aus Mitschrift, Gliederung)	
Kommt in der Klausur dran, was der Lektor in der Vorlesung behandelt? (alte Klausuren, mit Gliederung vergleichen, ältere Semester fragen)	
Gibt es in der Klausur über die VL hinausgehende zusätzliche Fragen (z. B. Fragen, die nur mithilfe des LB beantwortet werden können oder zu aktuellen Themen)?	
Wurden für die VL Blätter oder Abhandlungen herausgegeben? (direkt ausgeteilt oder im Internet abrufbar?)	
Gab es Andeutungen in der letzten VL? (wurden bestimmte Kapitel definitiv ausgeschlossen? Welche?)	

Tab. 33: Auswertung Übung und Tutorium für die Klausur

33

Frage	Antwort
Gibt es eine Gliederung?	
Welche Abschnitte wurden vertieft? (Vergleich mit der Vorlesungsgliederung.)	
Zu welchen Themen wurden Blätter ausgegeben bzw. ins Internet gestellt?	
Welche Übungsaufgaben wurden behandelt? Welche wurden verstärkt behandelt?	
Welche alten Klausuraufgaben wurden behandelt?	
Wie sieht die Probeklausur aus? (Gibt es keine, mache dem Übungsleiter den Vorschlag, eine zu stellen.)	

34 ▸ Tab. 34: Auswertung des Lehrbuchs für die Klausur

Frage	Antwort
Welche Kapitel aus dem Lehrbuch wurden in der Vorlesung behandelt?	
Welche Kapitel sind nach Aussage des Professors nicht relevant? Hast Du nachgefragt, welche Kapitel nicht so wichtig sind?	
Welche Übungsaufgaben bietet das Lehrbuch? Mit Lösungen?	
Welche davon kamen schon in der Klausur dran?	
Welche davon werden in der Übung besonders behandelt?	

35 ▸ Tab. 35: Interview mit Dozent (Vorlesung) für die Klausur

Frage	Antwort
Welche Abschnitte oder Kapitel sind besonders wichtig für die Klausur?	
Bedeutet das Auslassen dieses Abschnitts, dass er nicht relevant ist?	
Wenn ich die in der Vorlesung und in der Übung behandelten Fragestellungen und Konzepte gründlich nacharbeite, bin ich dann gut vorbereitet?	
Was kann ich zusätzlich tun, um gut vorbereitet zu sein?	
Warst Du schon in seiner/ihrer Sprechstunde?	

Tab. 36: Interview mit dem Übungsleiter für die Klausur

36

Frage	Antwort
Welche Übungsaufgaben sind besonders relevant für die Klausur?	
Welche Konzepte sind bisher immer wichtig gewesen? Welche Fragen wurden bisher immer gestellt?	
Mit welchem Buch bereite ich mich am besten vor?	
Wo finde ich Übungsaufgaben, die gut auf die Klausur vorbereiten?	

Tab. 37: Zusammenfassung der klausurrelevanten Inhalte

37

Frage	Antwort
Welche Kapitel der Vorlesung sind besonders wichtig?	
Welche Aufgabentypen muss ich besonders trainieren?	
Welche Übungsaufgaben aus dem Lehrbuch sind wichtig?	
Meine Prognose für Aufgaben/Fragen (aus allen Quellen zusammengenommen)	
Was wurde explizit ausgeschlossen? (von offizieller Stelle)	
Weitere wichtige Informationen	

38 ▶ Tab. 38: Checkliste Fachtyp: wissenschaftlich-modellartig

Merkmale	Trifft zu	Teils-teils	Trifft nicht zu	Entschei-dung
Autorennamen für Modelle	☐	☐	☐	
Modellformalien erkennbar, Prämissen, Restriktionen etc.	☐	☐	☐	
Modelle für Problemerklärung entwickelt	☐	☐	☐	
Chronologie der Weiterentwicklung von Modellen	☐	☐	☐	
Zählung: Wie häufig: Trifft zu, nicht zu?				
Prüfergebnis: Das Fach ist wissen-schaftlich-modellartig	☐ Ja	☐ Nein	☐ Teilweise	

39 ▶ Tab. 39: Checkliste Fachtyp: systematisch-hierarchisch

Merkmale	Trifft zu	Teils-teils	Trifft nicht zu	Entschei-dung
Autorennamen für Modelle	☐	☐	☐	
Modellformalien erkennbar, Prämissen, Restriktionen etc.	☐	☐	☐	
Modelle für Problemerklärung entwickelt	☐	☐	☐	
Chronologie der Weiterentwicklung von Modellen				
Zählung: Wie häufig: Trifft zu, nicht zu?	☐	☐	☐	
Prüfergebnis: Das Fach ist wissen-schaftlich-modellartig	☐ Ja	☐ Nein	☐ Teilweise	

Tab. 40: Checkliste Fachtyp: Fachtyp „Endlos-Wissen"

40

Merkmale	Trifft zu	Teils-teils	Trifft nicht zu	Entscheidung
Wenig Hierarchie	☐	☐	☐	
Wenig Struktur	☐	☐	☐	
Viele Definitionen	☐	☐	☐	
Viele isolierte und gleichrangige Begriffe	☐	☐	☐	
Zählung: Wie häufig: Trifft zu, nicht zu?				
Prüfergebnis: Das Fach ist vom Typ Endlos-Wissen	☐ Ja	☐ Nein	☐ Teilweise	

Tab. 41: Checkliste Fachtyp: praktisch gespeist

41

Merkmale	Trifft zu	Teils-teils	Trifft nicht zu	Entscheidung
Wenig umfangreich ausgearbeitete Modelle	☐	☐	☐	
Viele einfache Erklärungsansätze	☐	☐	☐	
Viele offene Fragen	☐	☐	☐	
Geringer Abstraktionsgrad Viele Beispiele	☐	☐	☐	
Rege Diskussion in der Literatur	☐	☐	☐	
Zählung: Wie häufig: Trifft zu, nicht zu?				
Prüfergebnis: Das Fach ist praktisch gespeist.	☐ Ja	☐ Nein	☐ Teilweise	

42 ## Tab. 42: Checkliste Fachtyp: Wiederholungsfach

Merkmale	Trifft zu	Teils- teils	Trifft nicht zu	Entschei- dung
Viele alte Aufgaben und Fragen kommen mit veränderten Zahlen in mehreren Klausuren vor.	☐	☐	☐	
Es gibt nur sehr wenige Aufgaben- und Fragetypen.	☐	☐	☐	
Es gibt keine Brüche in den alten Klausuren (gleiche Aufgaben- zahl, gleiche Punktzahl, gleiche Themengebiete etc.)	☐	☐	☐	
Zählung: Wie häufig: Trifft zu, nicht zu?				
Prüfergebnis: Das Fach ist ein Wiederholungsfach.	☐ Ja	☐ Nein	☐ Teilweise	

43 ## Tab. 43: Checkliste Fachtyp: berechenbares Fach

Merkmale	Trifft zu	Teils- teils	Trifft nicht zu	Entscheidung
Die Anzahl der Varianten in verschiedenen alten Klausuren ist ziemlich groß.	☐	☐	☐	
Es bereitet ziemlich viel Aufwand, alle Varianten zusam- menzutragen	☐	☐	☐	
Man kann für Probeklausu- ren viele Kombinationen von Aufgaben vornehmen.	☐	☐	☐	
Es erfordert sehr viel Zeit und Mühe, alle Aufgabenvarianten draufzuhaben.	☐	☐	☐	
Zählung: Wie häufig: Trifft zu, nicht zu?				
Prüfergebnis: Das Fach ist bere- chenbar.	☐ Ja	☐ Nein	☐ Teilweise	

Tab. 44: Checkliste Fachtyp: unberechenbares Fach

44

Merkmale	Trifft zu	Teils-teils	Trifft nicht zu	Entscheidung
Es gibt so gut wie keine Wieder-holungen von Aufgabentypen oder Fragen in alten Klausuren.	☐	☐	☐	
Die Elemente von Aufgaben und Fragen können scheinbar willkürlich kombiniert werden.	☐	☐	☐	
Es ist kaum möglich, die verschiedenen Varianten im Vorfeld alle zu erkennen und zu trainieren.	☐	☐	☐	
Es müssen Prinzipien erkannt und beherrscht werden.	☐	☐	☐	
In der Klausur sind Transferleistungen zu erbringen.	☐	☐	☐	
Ältere Kommilitonen schätzen die Prüfung als schwer ein.	☐	☐	☐	
Zählung: Wie häufig: Trifft zu, nicht zu?				
Prüfergebnis: Das Fach ist un-berechenbar.	☐ Ja	☐ Nein	☐ Teilweise	

Tab. 45: Checkliste Fachtyp: Geheimfach

45

Merkmale	Trifft zu	Teils-teils	Trifft nicht zu	Entscheidung
Es sind keinerlei alte Klausuren verfügbar.	☐	☐	☐	
Es gibt keine offiziell als klausurähnlich deklarierte Aufgaben und keine Probeklausur.	☐	☐	☐	
Es gibt keinerlei Hinweise auf die bevorstehende Klausur seitens des Lehrstuhls.	☐	☐	☐	
Man muss auf alles gefasst sein.	☐	☐	☐	
Ältere Kommilitonen warnen eindringlich vor dieser Prüfung.	☐	☐	☐	
Die Durchfallquoten liegen sehr hoch, mindestens 50 %.	☐	☐	☐	
Zählung: Wie häufig: Trifft zu, nicht zu?				
Prüfergebnis: Das Fach ist ein Geheimfach.	☐ Ja	☐ Nein	☐ Teilweise	

Tab. 46: Definition des Fachtyps

46

Das Fach ist dem Inhalt nach...	Antwort
Mathematisch-formal	☐
Wissenschaftlich-modellartig	☐
Systematisch-hierarchisch	☐
Endlos-Wissen	☐
praktisch gespeist	☐

Tab. 47: Masterplan für Klausurerfolg

47

Schritt	Aktivitäten	Ziel und Zweck	Herausforderungen	Mittel und Wege	Ergebnis	Dauer	Wann	Tipps
Klausuraufgaben beschaffen	Alle alten Klausuren finden, alternativ Sammlungen klausurähnlicher Aufgaben	Basis für die gesamte Vorbereitung schaffen	Alte Klausuren werden nicht ausgegeben, neuer Professor, zu wenig alle Klausuren vom Professor	Webseiten, ältere Kommilitonen, Unterlagen im Umlauf	Sammlung alter Klausuraufgaben	einige Stunden	Semesterbeginn	Studip Klausurmatrix nutzen (Aufgaben nach Semestern und Themen)
Lösungen beschaffen	Lösungen zu Klausuraufgaben oder klausurähnlichen Aufgaben beschaffen oder selbst erstellen	Lösungswege und Antworten für das Training, Hinweise auf relevante Inhalte	selten offizielle Lösungen, Vorhandene Lösungen unvollständig und unzuverlässig/fehlerhaft	Ältere Kommilitonen, Webseiten, Unterlagen im Umlauf, selbst erstellen, Studeo Klausurtrainer	Lösungs-Sammlung aller alten Klausuraufgaben oder klausurähnlicher Aufgaben	Sammeln: 3h; Erstellen: mehrere Tage	Semesterbeginn	Hartnäckig und sorgfältig sein, Arbeit mit Kommilitonen teilen
Aufgabenmuster bestimmen	Aufgaben nach Ähnlichkeiten sortieren und (viele mögliche) Aufgabentypen erstellen, Muster finden	Eingrenzung der Inhalte, Übungsaufgaben finden, Klausurtechnik bestimmen	Mustertypen oft nicht gleich sichtbar, Mitunter sehr viele Varianten	Checklisten, Fragenkatalog, Interpretationshilfen, Analysevorlagen	Musteraufgaben klar, Vorgehensweise klar, erste Prognose für Klausuraufgaben	1 Tag über 1 Woche	8 Wochen vor Klausur	Besser zurückhaltend interpretieren, Wunschdenken ausschalten
Unterlagen komplettieren	Unterlagen und Literatur sammeln, kopieren, downloaden, drucken, kaufen, ordnen, fehlende Unterlagen selbst erstellen	Basis für das Lernen der Inhalte und das Training	Unterlagen verstreut, Qualitätsprobleme, Egoismus	Checklisten für Quellen relevanter Unterlagen (was, wer, wo)	Stapel und Ordner mit aller wichtigen Materialien	2 Tage über 3 Wochen	7 bis 8 Wochen vor Klausur	Ordner nutzen, Klausuren vollständig sammeln, Alle Notizen aufheben
Studieren	Fachwissen aneignen aus Vorlesung, Übung, Büchern, Skript, Mitschrift, Handouts etc., Materialien fürs Lernen erstellen, Lösungen und Algorithmen für alle Aufgaben erstellen	Eigentlicher Studienzweck, Inhalte aneignen, Prüfen, wie gut man Prüfungsaufgaben und Lösungswege kennt	Stoff unbekannt, Zeiteinteilung, Energie und Disziplin nötig	Unterlagen und Lernmaterialien nutzen und erstellen, Aufgabensammlung	Inhalte aufbereitet in Zusammenfassung, Karteikarten etc., Perfekte Aufgabensammlung + Lösungssammlung	Einige Wochen je nach Dauer des Semesters	Semesterbeginn bis 1 Woche vor Klausur	Veranstaltungen auswählen, Ordnung halten, Tauschen mit Kommilitonen, Arbeitsteilung, Studeo Klausurtrainer nutzen
Unermüdlich trainieren	Ständiges Lösen alter Klausuraufgaben und klausurähnlicher Aufgaben, Klausursimulator unter echten Klausurbedingungen lösen	Aufgaben schnell/richtig lösen können, Alle Fragen beantworten können	Wenig Zeit, Abstimmung mit anderen Fächern	Aufgabensammlung, Stift, Papier, Taschenrechner, Stoppuhr (Tea-Timer)	Alle alten Aufgaben perfekt beherrschen, Abweichende Aufgaben sich erarbeiten können	Je nach Klausur 2 bis 5 Tage über 3 bis 4 Wochen	3 bis 4 Wochen vor Klausur	Mit dem Stift auf Papier trainieren, wie in der Klausur auch, Gründlich trainieren, nicht "zurücklehnen"
Reüssieren (Erfolg haben)	Alle Aufgaben richtig lösen, eine nach der anderen	Null Fehler (sehr) gute Note	Cool bleiben, Wissen abrufen, Konzentration trotz Schwierigkeiten	Das Gedächtnis ist in der Hand!!! Wasser, Vitamine, Glückskringen etc.	Gute Klausurnote	Klausurdauer	In der Klausur	Gut vorbereitet und motiviert sein und cool bleiben. Alles wird gut!

Silvio Gerlach

Rechentrainer —
Schlag auf Schlag - Rechnen bis ich´s mag

Kurzbeschreibung

Dieser Rechentrainer macht Dich fit für rechenlastige Klausuren.

Du rechnest Aufgaben mit Termen, Potenzen, Brüchen, Funktionen, Gleichungen usw wie im Schlaf. Das gibt Dir viel Selbstvertrauen... und volle Punktzahl in Deinen künftigen Klausuren mit Formeln und Zahlen.

Inhalt

Rechentraining der Aufgabentypen:

- Termumformungen
- Rechnen mit Taschenrechner
- Lineare Gleichungssysteme
- Quadratische Gleichungen
- Ableitungen
- Rechnen mit Summen und Produkten
- Logarithmen

nur 19,95 €

Rechentrainer
ISBN: 978-3-936875-85-0
5. Auflage
Format: A4, Paperback
164 Seiten

„...Übrigens wirkt der Rechentrainer inzwischen schon. Plötzlich lassen sich viele Klausur-Aufgaben für we che ich vorher lange Zeit benötigt habe ohne Probleme lösen und dies obwohl ich bis jetzt etwa nur 20 Aufgaben aus dem Rechentrainer gemacht habe. Auf jeden Fall ist es genau die Lösung wonach ich scho sehr lange gesucht habe. Wenn ich dies schon früher gewußt hätte, dann hätte ich mir sehr (!) viel Zeit spa ren können..."

ERFOLG DURCH WISSEN

BESTELLUNG:
www.Amazon.de erreichbar über www.studeo.de/shop oder Paypal (ohne Versandkosten)

Studeo Verlag
Riemeister Str. 83
14169 Berlin

verlag@studeo.de
www.studeo.de
www.facebook.de/studeo

Tel: 0800 7883361
Fax: 030-9929697716
Skype: sgerlach

Annette Schelten, Bend-Michael Kirstein

Klausurtrainer Mathematik
Musteraufgaben und Musterlösungen

Kurzbeschreibung

Ohne Mathe geht in vielen Klausuren gar nichts. Unser Klausurtrainer Mathematik wiederholt und trainiert anhand zahlreicher Musteraufgaben mit Musterlösungen gezielt die Grundlagen der Schulmathematik im Abitur. Das Klausurtraining hilft in Mathematik-Klausuren und Klausuren in vielen anderen Fächern wie Statistik oder Investitionsrechnung.

Inhalt

Funktionen mit einer Variable

Folgen und Reihen

Integralrechnung

Funktionen mit zwei Variablen

Vektor- und Matrizenrechnung

nur
19,95 €

Klausurtrainer Mathematik
ISBN: 978-3-936875-88-1
4. Auflage
Format: A4, Paperback
188 Seiten

BESTELLUNG:
www.Amazon.de erreichbar über www.studeo.de/shop oder Paypal (ohne Versandkosten)

Studeo Verlag   verlag@studeo.de   Tel: 0800 7883361
Riemeister Str. 83   www.studeo.de   Fax: 030-9929697716
14169 Berlin   www.facebook.de/studeo Skype: sgerlach

STUDEO
ERFOLG DURCH WISSEN

Silvio Gerlach

Klausurtrainer Kostenrechnung
Musteraufgaben mit Musterlösungen

Kurzbeschreibung

Die Klausur in Kostenrechnung ist voller Überraschungen. Die Aufgabenstellungen sind vielfältig und zu allem Überfluss gibt es noch viele Rechenwege...
Die Musteraufgaben mit ausführlichen Musterlösungen in diesem Klausurtrainer machen gezielt fit für das Lösen von Klausuraufgaben. Die anschaulichen und praxisnahen Aufgabentexte helfen beim Verständnis.
Kein Buch ist näher an der Kostenrechnungs-Klausur!

Inhalte

* Kostenartenrechnung
* Kostenstellenrechnung
* Kostenträgerrechnung
* Divisionskalkulation
* Äquivalenzziffernkalkulation
* Deckungsbeitragsrechnung
* Prozesskostenrechnung
* Plankostenrechnung
* Kuppelproduktion

nur
19,95 €

Klausurtrainer
Kostenrechnung
ISBN: 978-3-936875-94-2
2. Auflage
Format: A4, Paperback
188 Seiten

Silvio Gerlach

Klausurtrainer
Investitionsrechnung
Musteraufgaben mit Musterlösungen

Kurzbeschreibung

Die Klausur in Investitionsrechnung ist voller Überraschungen. Die Aufgabenstellungen sind sehr vielfältig und zu allem Überfluss gibt es noch jede Menge Formeln.

Die über 100 Musteraufgaben mit ausführlichen Musterlösungen in diesem Klausurtrainer trainieren gezielt für das Lösen von Klausuraufgaben. Die anschaulichen und praxisnahen Aufgabentexte helfen beim Verständnis.

Kein Buch ist näher an der Investitionsrechnungs-Klausur!

Inhalt

Statische Methoden

Dynamische Methoden

Investitionsentscheidungen unter Unsicherheit

Ersatzinvestitionsentscheidungen

Investitionsprogrammentscheidungen (Das Dean Modell)

nur
19,95 €

Klausurtrainer
Investitionsrechnung
ISBN: 978-3-936875-93-5
4. Auflage
Format: A4, Paperback
140 Seiten

BESTELLUNG:
www.Amazon.de erreichbar über www.studeo.de/shop oder Paypal (ohne Versandkosten)

Studeo Verlag   verlag@studeo.de   Tel: 0800 7883361
Riemeister Str. 83   www.studeo.de   Fax: 030-9929697716
14169 Berlin   www.facebook.de/studeo   Skype: sgerlach

STUDEO
ERFOLG DURCH WISSEN

Silvio Gerlach, Boris Führer

Klausurtrainer Deskriptive Statistik I
Musteraufgaben mit Musterlösungen

Kurzbeschreibung

Die Klausur in Deskriptive Statistik verlangt den sicheren Umgang mit Formeln. Die über 200 Musteraufgaben und Musterlösungen in diesem Klausurtrainer helfen beim Einstieg und trainieren ganz gezielt für die Klausur.

Dann kann es sogar Spass machen. Kein Buch ist näher an der Deskriptive Statistik-Klausur!

Inhalt

- Eindimensionale Häufigkeitsverteilung
- Zweidimensionale Häufigkeitsverteilung
- Konzentrationsrechnung
- Indexrechnung
- Zeitreihenanalyse

nur 19,95 €

Klausurtrainer
Deskriptive Statistik I
ISBN: 978-3-936875-91-1
4. Auflage
Format: A4, Paperback
192 Seiten

„...Dieses Buch hat mir in Statistik den Hals gerettet..."
Daniel, Berlin

BESTELLUNG:
www.Amazon.de erreichbar über www.studeo.de/shop oder Paypal (ohne Versandkosten)

Studeo Verlag
Riemeister Str. 83
14169 Berlin

verlag@studeo.de
www.studeo.de
www.facebook.de/studeo

Tel: 0800 7883361
Fax: 030-9929697716
Skype: sgerlach

STUDEO
ERFOLG DURCH WISSEN

Lars Kuchinke

Klausurtrainer
Induktive Statistik I
Musteraufgaben mit Musterlösungen

Kurzbeschreibung

Induktive Statistik ist definitiv eine der schwersten Klausuren für Wirtschaftler, Psychologen, Pädagogen und andere Nichtmathematiker. Schlechte Noten oder Wiederholungen sind fast normal.

Mit den über 200 Musteraufgaben und Musterlösungen in diesem Klausurtrainer trainierst Du ganz gezielt für die Klausur, bis der Stoff sitzt.

Kein Buch ist näher an der Induktive Statistik-Klausur!

Inhalt

- Kombinatorik
- Wahrscheinlichkeitsrechnung
- Eindimensionale Wahrscheinlichkeitsverteilung
- Zweidimensionale Wahrscheinlichkeitsverteilung
- Spezielle Verteilungsmodelle
- Einfache statistische Schätzverfahren
- Testtheorie

nur 19,95 €

Klausurtrainer
Induktive Statistik I
ISBN: 978-3-936875-92-8
5. Auflage
Format: A4, Paperback
208 Seiten

„..Dieses Buch hat mir in Statistik den Hals gerettet..."
Daniel, Berlin

ERFOLG DURCH WISSEN

BESTELLUNG:
www.Amazon.de erreichbar über www.studeo.de/shop oder Paypal (ohne Versandkosten)

Studeo Verlag   verlag@studeo.de   Tel: 0800 7883361
Riemeister Str. 83   www.studeo.de   Fax: 030-9929697716
14169 Berlin   www.facebook.de/studeo   Skype: sgerlach

Silvio Gerlach, Ilja Neustadt

Klausurtrainer Mikroökonomie I
Musteraufgaben mit Musterlösungen

Kurzbeschreibung

Mikroökonomie ist sehr formal, mit vielen Aufgabenvarianten in der Klausur.

Die Musteraufgaben und Musterlösungen in diesem Klausurtrainer machen Dich gezielt fit für die Klausur, Aufgabe für Aufgabe, Variante für Variante.
Kein Buch ist näher an der Klausur in Mikroökonomie!

Inhalt

- Allgemeine Nutzentheorie
- Arbeit und Freizeit
- Intertemporaler Konsum
- Produktions- und Kostentheorie
- Marktheorie - Polypol
- Marktheorie - Monopol
- Marktheorie - Oligopol

nur 19,95 €

Klausurtrainer
Mikroökonomie I
ISBN: 978-3-936875-89-8
5. Auflage
Format: A4, Paperback
196 Seiten

„ein extrem prüfungszentriertes Arbeits- und kein Lehrbuch"
Prof. Wilhelm Lorenz

BESTELLUNG:
www.Amazon.de erreichbar über www.studeo.de/shop oder Paypal (ohne Versandkosten)

Studeo Verlag
Riemeister Str. 83
14169 Berlin

verlag@studeo.de
www.studeo.de
www.facebook.de/studeo

Tel: 0800 7883361
Fax: 030-9929697716
Skype: sgerlach

STUDEO
ERFOLG DURCH WISSEN